빈센트의 구두

빈센트의 구두

하이데거, 사르트르, 푸코, 데리다의
그림으로 철학읽기

박정자

기파랑 에크리Ecrit

그림과 사유의 직조(織造)

그림으로 철학 말하기

보기와 말하기는 인간의 가장 중요한 두 인식 수단인데, 그것을 대표하는 미술과 문학 혹은 철학의 교류가 요즘 매우 활발하다. 『다빈치 코드』나 『진주 귀고리 소녀』처럼 회화를 이야기 속에 끌어들인 소설이나 영화가 인기를 끌고 있고, 포스트구조주의 철학자들도 앞 다투어 회화를 논의의 출발점으로 삼고 있다.

미셸 푸코는 『말과 사물』에서 벨라스케스의 그림 「라스 메니나스」 시녀들을 분석했고, 『이것은 파이프가 아니다』에서 르네 마그리트를 본격적으로 논하였다. 질 들뢰즈는 영국의 현대 화가 프란시스 베이컨의 그림을 분석한 『감각의 논리』를 썼고, 데리다는 『그림 속의 진실』에서 칸트의 미학과 함께 발레리오 아다미, 반 고흐의 그림들을 분석했다. 그는 또 1990~1991년에 루브르 박물관에서 맹인들을 그린 인물화만을 모아 「맹인의 기억들」이라는 전시회를 기획하고, 같은 제목의 책을 내기도 했다.

사르트르는 일찍이 1940년대에 "오늘날 문학자의 언어로 회화를 이야기하고, 화가의 언어로 문학을 이야기하는 것이 멋있는 일로 여겨지고 있다"(『문학이란 무엇인가?』)고 말했지만, 요즘이야말로 회화의 언어로 철학을 말하는 것이 유행처럼 되었다.

물론 회화의 언어로 철학을 말하기는 후기구조주의 철학자들의 전유물만은 아니다. 이보다 앞서 실존주의의 대표적인 철학자들도 회화의 언어로 철학을 말하였다. 하이데거는 『예술작품의 기원』에서 예술작품의 진실이 존재 폭로라는 것을 보여주기 위해 반 고흐의 「구두」 그림을 예로 들었고, 메를로-퐁티는 『눈과 정신』, 『가시적인 것과 비가시적인 것』에서 세잔느의 「생뜨 빅투아르 산」을 다루었다. 사르트르는 『상상적인 것』, 『문학이란 무엇인가?』 등에서 마티스, 틴토레토, 자코메티를 예로 들었다.

정식으로 미학론을 쓴 칸트나 헤겔에서는 더 말할 나위가 없다. 칸트는 『판단력 비판』에서 파레르곤을 말하기 위해 크라나크를 예로 들었고, 헤겔은 『미학 강의』에서 주관성과 집단정신의 분리를 보여주기 위해 렘브란트의 「야경(夜警)」을 분석한 바 있다.

회화와 철학이 가까운 이유

철학자들이 회화를 즐겨 인용하는 것은 그림이 현실과 밀접한 관련을 가지고 있으면서도 현실의 의무감에서 완전히 자유스러운 그 자율성 때문일 것이다. 화가와 작가 혹은 철학자를 비교한 메를로-퐁티의 글에서 우리는 그런 암시를 읽을 수 있다.

사람들은 작가, 철학자들에게 항상 현실에 대한 견해와 충고를 요구하고, 확고한 입장을 취해 줄 것을 요구한다. 그들이 세계를 유예 상태에 놓거나 스스로 중립적 위치에 서는 것을 우리는 도저히 받아들이지 못한다. 더 나아가 철학이 우리에게 참되게 사는 방법을 가르쳐 주지 않는다고 사람들은 철학을 맹렬히 비난하기까지 한다.

그런데 마치 화가라는 직업에는 현실적인 모든 것을 넘어서는 그 무엇이 있기라도 한 듯 사람들은 화가에게서 모든 것을 면제해 준다. 화가에게는 모든 판단의 의무에서 해방되어 사물을 순수하게 바라볼 권리가 주어져 있다. 그리하여 화가에게는 현실 도피라는 비난이 거의 가해지지 않는다. 예컨대 1870년 전쟁 때 에스타크에 숨어 살았다고 세잔느를 비난하는 사람은 아무도 없다. 피카소가 공산당원이었고, 프리다 칼로가 트로츠키의 연인이었지만 그들의 공산주의 사상과 아무런 상관없이 우리는 그들의 그림을 좋아한다. 아니 어쩌면 그들이 사회주의 리얼리즘에 경도하지 않았기 때문에 그들의 그림이 생명력을 갖는 것이다.

화가에게 있어서는 행동의 구호가 힘을 잃는다. 타락한 그림, 부르주아의 그림이라고 아무리 말한다 한들, 그들의 그림에는 아무런 손상이 없다. 화가는 인생에서 성공할 수도 실패할 수도 있지만 최소한 세계에 대한 성찰 속에서는 자기가 완전한 주인이다. 당대의 이념에 종속되지 않는 이러한 자율성이 철학자들에게 큰 매력으로 비쳐졌을 것이다.

그러나 단순히 그런 이유만으로 회화와 철학이 가깝다고 말하는 것은 아니다.

언어와 함께 시각적인 것은 우리의 인식을 구성하는 양대 요소이다. 우리는 보고 말하는 것을 통해 사물을 인식한다. 우리 눈에 보이는 대상, 그것이 가시성이다. 그러므로 가시성은 모든 경험적 사물의 실체성이다. 그림이나 이미지도 역시 가시성이다. 그림은 우리의 시(視)지각에 호소하는 것이며 따라서 '보기'의 영역에 속하기 때문이다.

언어와 가시성이라는 두 형식은 서로 환원 불가능한 고유성을 갖고 있지만, 그러나 거기에는 끊임없이 우열의 문제가 제기된다. 예컨대 그림은 그 자체로 의미가 있는 듯하지만 그림 아래 붙여진 제목이 그 의미를 송두리째 바꾸기도 한다. 백문(百聞)이 불여일견(不如一見), 또는 Seeing is believing이라는 동서양의 격언은 가시성의 절대적인 우위를 말해주고 있지만, 또 한편 '아는 만큼 보인다'는 명제는 언어의 우위성을 보여준다. 가시성과 언어 중 어느 쪽이 우위에 있는가의 문제는 인식론의 영원한 화두이다. 푸코가 마그리트의 그림을 집중적으로 조명한 이유도 마그리트의 그림이 끊임없이 이 문제를 제기하고 있기 때문이다. 그러므로 인식의 양대 요소 중 언어를 주(主)재료로 삼는 철학과 문학이 인식의 또 다른 요소인 가시성에 관심을 갖는 것은 당연한 일이다.

철학자들이 그림을 인용하는 것은 딱딱한 철학적 담론을 읽기 쉽게 만든다는 좀 더 실제적인 이점도 있다. 그림을 예로 들어 이야기하면, 문체가 문학 언어와 가깝고 시적이기까지 하여 논증적이고 난해한 철학 개념의 이해가 쉬워진다. 어려운 글을 읽기 싫어하는 현대의 독자들에게 적합한 방식이 아닐 수 없다. 회화와 철학의 만남이 어제오늘의 일은 아니지만 특히 요즘의 트렌드로 여겨지는 것은 영상과 이미지가 지배하는 현대적 특성과 무관하지 않을 것이다.

푸코, 데리다, 사르트르, 하이데거

나는 여기서 그림과 철학의 만남 중 후기 구조주의 철학의 대표 격인 푸코와 데리다, 그리고 실존주의의 대표적 사상가인 하이데거와 사르트르의 경우를 살펴보았다. 그림을 다루고 있으므로 결국 미학이지만, 그러나 반드시 미학만은 아니고, 그들은 그림을 통해 철학자인 자신의 기본적인 철학 개념을 설명하고 있음을 확인할 수 있었다. 언어학과 형식주의에 뿌리를 두고 있는 후기 구조주의 철학자들에게서는 미의 형식적인 관심이 엿보이고, 인간의 의식이 사물의 의미를 형성한다고 생각하는 실존주의자들의 관심은 역시 내용으로 향하고 있었다.

각 장(章)을 관통하는 공동의 주제는 미(美)란 무엇인가에 대한 기본적인 의문이다. 도대체 무엇이 우리에게 아름답다는 감정을 일으키는가? 싸구려 사기그릇 한 귀퉁이에 그려진 아무렇지도 않고 예쁠 것도 없는 수줍은 꽃 한 송이는, 사람들이 비록 의식하지는 못하지만 얼마나 아름다움을 추구하고 있는지, 그리고 우리가 얼마나 아름다움 속에서 위안을 느끼고 있는지를 말해 준다.

철학이나 인문학은 말할 것도 없고, 시장바닥의 경제학에 이르기까지 모든 것의 귀결점은 미학이다. 눈만 돌리면 상품이 넘쳐흐르는 대중 소비의 시대에 사람들이 이미 집에 몇 개씩 있는 물건을 또 사들이며 만족해하는 것은 바로 그 상품의 미적 디자인 때문일 것이다.

그런데 도대체 무엇이 우리에게 아름답다는 생각을 불러일으키는 것일까? 우리는 아름다운 여인이나 경치를 보고 '그림 같다'고 말하기를 주저하지 않고, 어떤 완벽함 앞에서 '이건 그대로 예술이다'라고 말한다.

나는 바로 이 상식적인 말 속에 미학의 원칙이 들어 있다는 생각을 한다. 미(美)는 자연에 있는 것이 아니라 예술작품 안에 있는 것이다. 그렇다면 미학이란 곧 예술작품에 대한 연구가 될 것이다. 헤겔이나 칸트가 예술작품에 대해 길게 논하고, 하이데거가 예술작품의 기원을 거슬러 올라가 본 것은 모두 그 때문이다. 아름다움은 예술 작품 안에 있다. 그렇다면 예술작품이란 과연 무엇인가?

모름지기 인간은 고대로부터, 즉 원시 시대의 동굴 벽화 이래로 동물이나 꽃 같은 자기 주변의 사물들을 꾸준히 그려 왔다. 우리는 때로 실제로 꽂혀 있는 꽃병의 꽃에는 무심하다가도, 그것을 그려 놓은 그림 앞에서는 감동하며 탄성을 내뱉는다. 이것은 무슨 이유일까? 실재(實在)를 비슷하게 모방해서 재현해 놓으면 바로 거기에서 미적 감흥이 생기는 것 아닐까?

그렇다면 예술의 본질은 모방이다. 이것이 아리스토텔레스 이래 서구 미학을 지배해 온 미메시스 이론이고 재현의 이론이다. 그러나 20세기 들어 입체파, 야수파, 초현실주의, 추상화, 팝아트 등의 예술 사조들은 이 재현의 이론을 완전히 무너뜨렸다. 이제 예술은 더 이상 실재를 그대로 묘사하는 재현이 아니라 자기 자신만의 고유한 그 무엇을 드러내고 있다.

이러한 재현의 종언은 바로 푸코, 데리다, 들뢰즈 등의 후기 구조주의 철학자들이 이론적으로 뒷받침하였다. 푸코는 고전주의 시대 (17세기 후반부와 18세기 전체)의 에피스테메인 재현 안에 인식의 주체인 인간의 모습이 들어 있지 않다는 것을 말하기 위해 벨라스케스의 그림 「시녀들」을 예로 들었다. 그러나 이것은 예술의 자기반영성이라는 포스트모던 미학의 중요한 단서가 되었다. 예컨대 보르헤스의 소설이나 설치 미술을 포함한 모든 비구상적 미술이 이제는 더 이상 외부의 대상을 재현하는 것이 아니라 과거의 문학이나 미술만을 참조하고 있기 때문이다.

재현의 재현(그림 그리는 장면을 또 그렸으므로)이라는 「시녀들」의 그림에서는 필연적으로 가시성의 문제가 대두된다. 푸코에게서 인식의 두 요소인 가시성과 언표(言表)의 대립항을 발견하고, 가시성에 대한 언표의 우위를 확인한 것은 들뢰즈였다.

데리다에게서 가시성의 문제는 그림을 그릴 때 모델과 화판 사이에서의 화가의 눈멂이라는 주제로 떠오른다. 그는 선(線) 긋기인 드로잉이 원초적 미메시스의 방법이라는 점에서 드로잉이 모든 예술의 기원이라고 말하고, 모든 예술의 기원에는 눈멂이라는 주제가 있다고 했다. 벽에 비친 연인의 그림자를 윤곽선에 따라 벽에 그리고 있는 쉬베의 「디뷰타드* 혹은 그림의 기원」은 이러한 주제를 탁월하게 드러내 주는 그림이다.

드로잉의 선은 안과 밖의 경계선이라는 점에서 칸트가 고대 희랍어에서 빌어온 파레르곤(parergon)의 개념으로 이어진다. 파레르곤은 그림의 액자처럼 작품(ergon)의 밖에서 작품을 보충해 주고 있는 부수적인 어떤 것이다. 칸트는 조각상에 걸쳐진 옷, 건물 밖의 열주(列柱), 그림의 액자 혹은 당초문의 가두리 장식만을 파레르곤의 예로 들었지만, 데리다에게서는 이것이 모든 선(線), 모든 경계선, 모든 사각형의 프레임으로까지 확장된다. 그리고 우리가 '액자 소설'이라고 말할 때의 그 액자 효과(mise en abime)로까지 이어진다.

사르트르는 하나의 작품이 아름다운 것은 그 속에 무(無)가 들어 있

---

* 영어 제목은 「Butades or the origin of drawing」이다. 우리말로는 '부타데스'로 알려져 있으나, 프랑스어로는 Butades 혹은 Dibutades로 표기한다. 여기서는 데리다를 원전으로 삼았으므로 그의 표기를 따라 '디뷰타드'(Dibutades)라고 적기로 한다.

기 때문이라고 말하였다. 작품 속에는 아무것도 없다. 그 '아무것도 없음'이 작품을 아름답게 만들어 준다. 그는 현실적인 것은 아름답지 않고, 그 현실을 발판으로 삼아 비현실, 즉 상상의 세계로 들어갈 때에만 미(美)가 발생한다고 하였다. 참여문학만을 알고 있는 독자들에게는 생소하게 들리겠지만, 이것이 초기 저작 『상상적인 것』에서 말년의 저서 『집안의 백치』에 이르기까지 사르트르 평생의 미의식이었다.

이러한 그의 비현실의 미의식을 떠받치는 가장 중요한 개념이 아날로공이다. 미의 본질인 비현실성을 가시화시켜 물질적인 작품으로 만들어 놓은 것, 그것이 바로 아날로공(유사물)이다. 아날로공은 예술 작품의 너머에 있는 미학적 물체를 반영하는 물질적 요소이고, 작품을 실재·비실재의 두 요소로 나누는 이원론의 근거이다.

특히 언어를 재료로 하는 문학에서 작품의 물질성인 언어는 사물성과 도구성의 이원적 성격을 가지고 있다. 원래 기호인 언어는 근원적으로 도구이다. 기호로서의 언어는 의사소통을 위한 도구인데, 그 언어를 도구가 아닌 사물로 생각할 때, 즉 언어 그 자체의 아름다움에 주목할 때 거기에서 예술작품인 시가 발생한다고 그는 말한다. 언어를 단순히 어떤 메시지의 전달 도구로 생각하는 것은 참여문학의 시작이며, 언어 자체의 물질적 아름다움에 매혹되는 것은 순수예술의 시작이다. 그러므로 언어의 도구성과 사물성에 대한 고찰은 참여문학과 순수문학에 대한 그의 여정을 가늠하게 해 줄 것이다.

한편 하이데거는 예술작품이 아름다운 것은 그 안에 진실(Wahrheit)이 들어 있기 때문이라고 말하였다. 하이데거가 말하는 진실이란 우리가 흔히 '진짜'라고 말할 때의 사실 부합성이 아니고, 사물적인 실체도 아니다. 그의 존재론과 밀접한 관련이 있는 진실은 뜻이 매우 모호하여 거의 신비스럽기까지 하다. 그에게서 진실의 의미는 한마디로 존재의 드러남이다. 마치 우리가 숲속에서 빽빽한 나무들을 헤치고 나가다가 갑자기 탁 트인 공간이 나타나면 그 공간 안에 있는 바위나 풀들이 눈에 들어오듯, 그렇게 존재는 언뜻 드러난다는 것이다. 그 존재의 드러남이 진실이다. 그러니까 하이데거에게 진실은 단순한 인식의 정확성을 넘어, 존재(Sein)가 자신을 드러내는 현상이고, 은폐되었던 존재가 은폐에서 벗어나 존재로 현시되는 사건이다.

그런데 그는 진실을 거의 의인화하여, 이런 공간을 여는 것도 진실이고, 그 열린 공간 안에 들어 있는 것도 진실이라고 말한다. 진실은 이 공간을 스스로 열고, 그 열린 공간 안에 정착한다. 이처럼 진실이 자기가 연 존재자들 사이에 정착하는 방식들 중 가장 중요한 것이 예술작품이라고 하였다. 그러므로 하이데거에게서 예술작품의 정의는 '진실의 작품 속 자리 잡기'이다.

진실이 자리 잡고 존재가 드러나는 장(場)으로서의 예술작품을 설명하기 위해 하이데거는 반 고흐의 구두 그림을 예로 들었다. 나는 자연스럽게 하이데거와 반 고흐가 공유하고 있는 향토적 파토스에 관심이 갔다. 그리고 반 고흐의 구두 그림에 대한 샤피로와 데리다의 논쟁에 주목하여 회화의 역사에서 구두가 차지하고 있는 비중과 상징을 살펴보았다.

파레르곤으로서의 영화 분석

데리다식으로 말해서 파레르곤이라고나 할까. 나는 철학이 아닌 한 편의 영화를 분석해 보았다. 피터 그리너웨이의 「영국식 정원 살인 사건」(원제 「화가의 계약」, The Draughtsman's Contract)을 대상으로 삼은 것은 영화의 기본 주제가 그림이고, 화가 출신의 감독이 데리다의 주요 개념들을 영상화하였기 때문이다. 이 영화에서 감독은 예술작품의 기원으로서의 드로잉의 문제, 드로잉의 기원인 눈멂의 문제, 안과 밖의 경계를 짓는 액자의 문제 등을 다룸으로써 데리다와의 강한 연관성을 보여주었다.

액자 혹은 파레르곤의 주제를 연상시키는 사각형의 프레임이 화면에 집중적으로 부각될 때, 두 사람의 상호텍스트성은 극명하게 떠오른다. 아방가르드적 주제만이 아니라 신화나 역사의 모티브 또는 기호학적 요소도 충분히 가지고 있어서, 전통적인 분석의 묘미도 한껏 즐길 수 있는 영화였다.

크고 작은 도시들의, 혹은 어둠침침하고 혹은 사람들로 가득한 박물관에서 나는 선(線)과 색채의 매력에 빠져 황홀한 행복감을 느꼈었다. 골방에 파묻혀 어려운 철학책들을 읽을 때면, 사유의 반전이 주는 강한 매혹이 은둔적 고독감을 보상해 주었다. 내가 좋아하는 그림, 내가 좋아하는 사유들이 교직(交織)된 텍스트를 읽으며 나의 희열은 배가되었다. 그리고 그것들을 내 경험적 사유의 씨줄과 날줄에 엮어 직조(織造)하는 일은 노동의 고통이 곁들여진 또 한 번의 기쁨이었다.

　나의 떨림, 나의 감동이 그대로 전달되어 독자들도 나의 즐거움을 공유해 줄 것을 감히 기대해 본다.

2005년 5월 31일
박정자

『빈센트의 구두』 20년 후

『빈센트의 구두』가 처음 나왔을 때 독자들은 깜짝 놀랐다.

하이데거, 사르트르, 푸코, 데리다 등의 철학자를 다루고 있는 근엄한 인문학 책에 다채로운 칼라의 그림들이 가득 들어 있었기 때문이다. 실존주의, 권력론, 해체주의 등 난해한 이론의 학자들이 예술에 대한 탁월한 인식과 함께 미술 작품을 철학적으로 해석하는 독보적 미학자이기도 하다는 것을 독자들은 처음으로 알게 되었다.

관심 있는 독자들은 이미 사르트르와 하이데거 등 실존주의 철학자들에게서 삶의 의미를 깊이 있게 탐구하는 방법을 배웠고, 포스트모던 철학자 푸코와 데리다 등에게서는 문화 및 사회 현상을 분석하는 방법을 배웠다. 그러나 일반 독자에게 철학은 여전히 힘들고 낯선 개념이었다.

그런데 반 고흐, 벨라스케즈, 마티스 등의 친숙한 그림을 통해 철학을 논한다면 담론의 난이도는 한층 낮아지고 재미있기까지 할 것이다. 『빈센트의 구두』가 청년들에게 매력적으로 다가 간 이유였다.

급기야 『빈센트의 구두』중 하이데거에 관련된 한 부분이 수능 전국 모의고사 국어 비문학 지문에 출제되기도 하였다. 고흐의 구두 그림 하나를 두고 하이데거와 미술사학자 마이어 샤피로 그리고 포스트모던 철학자 데리다까지 뛰어든 논쟁은 독자들에게 고급의 지적 자극을 주었던 것 같다. 하이데거가 고흐의 구두를 "가난한 농부(農婦)의 신발"로 해석하며 예술 작품 속의 '진실'과 '존재'를 이야기하는 부분에서 독자들은 강렬한 인상을 받은 것으로 보인다.

초판 발행 20년 만에 『빈센트의 구두』 표지를 바꾸고 내용을 수정하여 새롭게 출간한다. 그동안 한국은 K-POP 등으로 한껏 위상이 올라갔고, 청년들은 더 이상 별다른 열등감 없이 서구의 젊은이들과 대등하게 교류하는 세상이 되었다. MZ 세대에게 인문학은 난해한 이론이 아니라 포스트모던한 세상을 해석하는 정확하고 유용한 도구가 될 것이다.

지적 자극은 더 강렬하고, 예술과 논리의 즐거움은 더욱 큰 쾌락이 되기를 기대하며 여기 새롭게 단장한 『빈센트의 구두』를 조용히 여러분들의 책상 위에 펼쳐 놓는다.

2026년 1월
박정자

차례

2장_사르트르

3장_하이데거

1장_그림 속에 감추어진 에피스테메 혹은 해체

- 푸코와 데리다에 있어서의 회화의 은유성

반 고흐, 「한 켤레의 구두」 1886년

Oil on canvas, 37.5 X 45cm, Van Gogh Museum, Amsterdam

미셸 푸코의 난해한 철학서 『말과 사물』이 광범위한 대중적 인기를 얻은 것은 벨라스케스의 그림 「라스 메니나스」(시녀들)를 분석한 제1장 덕분이라고 해도 과언이 아니다. 본문의 주제들을 예고하는 일종의 발문으로 쓰여진 이 화려한 문학적 글쓰기는 어려운 철학 텍스트를 가까이 느끼게 했고, 뭔가 신비한 매력으로 사람들을 끌어들였다. 철학적 주제에 대한 은유로서 회화를 이용한 예는 물론 그가 처음은 아니다. 헤겔도 『미학 강의』에서 주관성과 집단정신과의 분리를 보여주기 위해 렘브란트의 「야경(夜警)」을 분석한 바 있다. 하이데거는 예술작품의 진실이 존재 폭로라는 것을 보여주기 위해 『예술작품의 기원』에서 반 고흐의 「구두」 그림을 예로 들었고, 메를로-퐁티는 『눈과 정신』, 『가시적인 것과 비가시적인 것』에서 세잔느의 「생뜨 빅투아르 산」을 다루었다.

　　그러나 철학과 미술의 관계는 후기 구조주의에서 그 어느 때보다도 활발하여, 질 들뢰즈는 영국의 현대화가 프란시스 베이컨의 그림을 분석한 『감각의 논리』를 썼고, 데리다는 『그림 안의 진실』에서 칸트의 미학과 함께 발레리오 아다미, 반 고흐의 그림들을 분석하였다. 그는 또 1990-1991년에 루브르 박물관에서 맹인들을 그린 인물화만을 모아 「맹인의 기억들」이라는 전시회를 기획하고 같은 제목의 책을 내기도 했다. 푸코는 『이것은 파이프가 아니다』에서 르네 마그리트를 본격적으로 논하였다.

철학자들이 마치 재판관처럼 높은 자리에 앉아 인간의 사유를 좌지우지하던 대문자 P의 철학 시대는 가고, 소문자 p의 philosophy가 문학·미술 등과 나란히 인간의 문제를 논하고 있다는 리처드 로티(Richard Rorty)의 말처럼, 문학에 이어 미술도 이제 철학의 중요한 한 부분이 되었다.

수많은 철학과 미술의 만남 중에서 나는 우선 푸코와 벨라스케스의 그림, 데리다와 쉬베의 그림만을 집중적으로 살펴보고자 한다. 거기서 현대 철학의 중요한 화두 중 하나인 가시성의 문제를 보았기 때문이다.

1. 푸코

「시녀들」

스페인의 화가 벨라스케스(Diego Rodriguez Velasquez, 1599~1660)의 그림 「시녀들(Las Meninas)」은 에스쿠리알 궁의 한 살롱에서 초상화를 그리고 있는 화가와, 옆에 서 있는 마르가리타 공주 및 시녀, 시종, 궁인, 난쟁이들을 그린 그림이다. 화가는 벨라스케스 자신이므로 화가의 자화상이라고 할 수 있지만, 문제는 그리 간단하지 않다. 화가, 모델, 관객이 회화의 3대 기능이라면, 이 그림은 이 세 요소가 각기 두 겹으로 되어 있는 복잡한 구조이다.

화가와 공주를 포함해 전경에는 여덟 명의 인물과 개 한 마리가 있고, 후경에는 문틀에 서 있는 한 남자의 실루엣이 있다. 좀 작게 그려져 있기는 하지만 문틀 안의 사람도 역시 같은 장면 속의 인물이므로, 이 그림의 등장인물은 모두 아홉 명이다. 그런데 후면 벽의 액자 속에 희미하게 모습을 보이는 두 사람의 실루엣이 있다. 이들까지 합치면 그림 속에는 총 열한 명의 인물이 그려져 있다. 하지만 아홉 명의 인물이 실재의 사람인 반면, 액자 속의 두 사람은 그저 이미지일 뿐이다. 그림 자체가 모두 2차원의 평면 위에 그려진 그림인데, 우리

벨라스케스, 「시녀들」 1656년

Oil on canvas, 31.8 X 27.6cm, Prado Museum, Spain

는 "아홉 명은 실제 인물이고 두 명은 액자 속에 그려진 그림이다"라고 말한다. 다시 말하면 화폭 전체가 이미지인데 액자 속 인물들은 이미지 속의 이미지인 셈이다. 이 희미한 두 사람의 이미지 안에 벨라스케스 그림의 수수께끼가 있다. 푸코의 방대한 철학이 시작되는 출발점이기도 하다.

액자가 그림인지 거울인지 얼핏 헷갈리지만, 같은 벽 위쪽에 걸린 커다란 두 개의 그림이 깊은 어둠에 잠겨 희미한 빛의 얼룩만 보이는데 비해, 작은 액자 속에서는 두 사람의 형체가 또렷하게 보인다는 점에서 이것이 거울이라는 것을 우리는 알 수 있다.

반 아이크의 「아르놀피니의 혼약」에서 볼 수 있듯이, 네덜란드의 회화 기법에서 거울은 반복의 역할을 했다. 다시 말하면, 그림 안에 그려진 것들이 해체되거나 재구성되어 거울 속에 다시 그려지는 것이다. 그러나 이 그림에서 거울은 1차적 그림의 그 무엇도 반복하고 있지 않고, 장면에 전혀 보이지 않는 두 인물을 보여주고 있다. 거울 안의 실루엣은 그림 안의 모든 인물들이 바라보고 있는 대상이다. 그림 속의 장면이 앞으로 더 확대되었다면 아마도 뒷모습이 보였을 터이지만, 화가가 그림의 장면을 거기서 정지시켰으므로 그림의 밖에 있게 된 인물들이다. 이들은 다름 아닌, 그림 속의 화가가 화폭 속에 그리고 있는 모델, 즉 필립 4세와 마리아나 왕비이다.

그러므로 두 사람의 화가, 두 그룹의 모델이 있다. 만일 벨라스케스가 필립 4세와 마리아나 왕비의 초상화를 그렸다면 문제는 아주 간단하다. 화가는 벨라스케스이고, 모델은 왕과 왕비이며, 관객은 그 초상화를 보는 우리들이다. 그런데 「시녀들」에는 바로 그 초상화를 그리고 있는 화가 자신과, 현장에 구경 나온 공주와 시녀들이 그려져 있다. 그러니까 그림 속의 화가와 그림 밖의 화가가 분리되어 있고, 그림 속 화가의 모델인 왕 부부와 그림 밖 화가의 모델인 아홉 명의 인물들이 있다.

그렇다면 관객은 어디에 있는가? 거울 옆에 문이 하나 열려 있고, 그 문틀 안에 한 키 큰 남자의 옆모습이 보인다. 한 손으로 문설주를 잡고, 두 발은 각기 다른 계단 위에 놓여졌으며, 한쪽 무릎은 구부러져 있다. 거울처럼 이 문틀도 장면의 안쪽을 고정시키는 역할을 한다. 거울이 그랬듯이 이 문틀도 사람들의 관심을 전혀 끌지 못한다. 거울 속 인물들이 한갓 이미지인데 비해, 이 남자는 장면의 다른 인물들과 마찬가지로 현실적 인물이다. 그러나 그는 장면의 한가운데에 위치하지 않고, 원근법의 소실점이 위치한 후경에 작게 그려져 있다. 그는 장면의 참여자가 아니라 방관자이다. 다시 말해서, 그는 현장의 관객이다. 그런데 그림 「시녀들」을 바라보고 있는 우리들 또한 관객이다. 화가나 모델과 마찬가지로 관객도 그림의 안과 밖으로 각기 나뉘어 있는 것이다.

재현의 재현

거울 속 인물들의 시선과 공주의 시선을 선으로 그어 보면 아주 미세한 각도 차이로 한 지점에 수렴된다. 그것은 그림의 앞, 관객이 자리 잡고 있는 곳이다. 이 중심은 필립 4세와 왕비가 차지하고 있다는 일화(逸話)적인 측면에서만 중요한 것이 아니라, 회화의 3중의 기능을 떠맡고 있다는 점에서 중요하다. 모델의 시선, 관객의 시선, 그리고 그림을 그리는 화가의 시선 등 '바라보는' 세 기능이 정확히 한데 모이는 지점이기 때문이다. 그림으로 형상화되지 않았다는 점에서 관념적이지만, 그러나 여기서부터 재현이 가능했다는 점에서 완벽하게 현실적인 지점이다.

그러나 이렇게 엄연히 현실적이면서도 이 지점은 도저히 가시적일 수 없다. 원천적으로 불가능한 비가시성을 벨라스케스는 화폭 속에 집어넣었다. 화려한 차림새에 부동의 모습으로 참을성 있게 모델의 포즈를 취하고 있는 거울 속 왕과 왕비의 모습은 글자 그대로 비가시성을 가시화한 예이다. 화면 속에서 누구의 관심도 끌지 못한 채 무심한 듯 슬쩍 뒤에 걸려 있는 거울은 그림 안에 도저히 들어올 수 없는 모델을 보여주기 위한 화가의 교묘한 장치였다. 그것은 화면의 모든 사람들이 바라보고 있는 장면을 무심히 비춰주면서 모든 시선의 대상을 복원해 준다. 즉, 그림 속의 화가에게는 자신이 그리고 있는 모델의 모습을, 왕과 왕비에게는 화폭에 그려지고 있는 자기들 초상화를, 그리고 관객에게는 장면의 실제적인 중심을 보여준다.

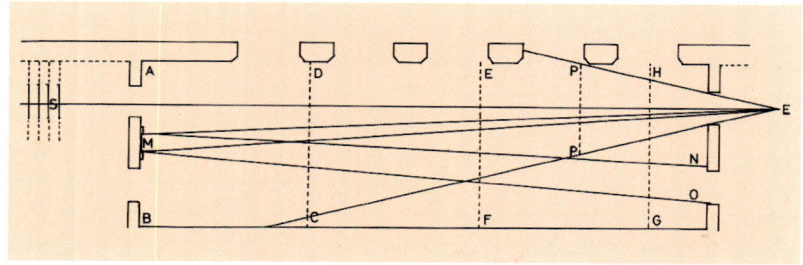

「시녀들」의 배경이 된 왕실 평면 분석

E : 관객 M : 거울 ABCD, CDEF, EFGH : 방 크기에 해당하는 공간

S : 후경에 그려진 계단 위의 남자 NO : 거울에 반사된 공간의 넓이

PP : 만일 그림이 정확히 계산되었다면 캔버스가 놓이는 위치

벨라스케스는 이차원적 평면 위에 도저히 함께 넣을 수 없는 회화의 세 기능을 야심차게 한 화면 속에 다 넣었다. 재현의 생산자(화가), 재현된 대상(모델), 관객이라는 재현의 3대 요소가 고스란히 재현되었다. 그런 점에서 그의 그림은 성공을 거두었다고 할 수 있다.

요컨대 「시녀들」은 그림 그리는 장면을 또 그림으로 그린 그림이라는 뜻에서 '재현의 재현'이다. 이 그림에서 재현된 것은 재현의 기능이고, 이 그림의 진짜 주제는 '재현'이므로 그림의 제목은 '회화의 기원'쯤이 더 적합할는지 모른다.

그런데 이 재현의 주체는 누구인가? 재현의 현장을 있게 한 가장 중요한 사람은 누구인가? 그것은 자신들의 초상화를 화가에게 부탁한 왕일 것이다. 이상한 것은 활기차고 선명한 화면 속 인물들에 비해 두 사람의 지엄한 존재는 거울 속에 아주 희미하게 작은 실루엣으로 비춰져 있다는 사실이다. 화면 속의 모든 인물들 중에서 이들의 이미지는 가장 희미하고, 가장 비현실적이며, 가장 손상되어 있다. 한없이 불안정하고 유동적이어서 장면이 조금만 움직여도, 또는 빛이 조금만 더 들어와도 그 형체가 곧 사라져 버릴 것만 같다. 가시적이기는 하나 실재성에서는 한없이 멀리 떨어져 허약하기 짝이 없는 가시성이다.

현실의 차원에서 왕과 왕비가 차지하고 있는 자리는 화가 또는 관객의 자리이기도 하다. 거울 안에는 관객과 벨라스케스의 얼굴도 비쳐져야 마땅하다. 벨라스케스는 이 장면을 조직한 사람이고, 관객은 앞에서 장면이 전개되고 있는 것을 바라보고 있는 사람이다. 그들은 이 그림의 장면이 존재하기 위해 빼놓을 수 없는 두 인물들이다. 그런데 이들이 없었다면 아예 그림 자체가 존재하지 않았을 가장 중요한 두 사람이 재현 안에 모습을 보이지 않는다.

에피스테메

푸코에 의하면 한 시대는 그 문화를 형성하는 심층적 윤곽에 의해 특징지어진다. 이 '역사적 선험성'을 그는 에피스테메(épistémè)라고 불렀다. 에피스테메는 한 시대의 인식과 이론이 가능하게 되는 출발점이고, 앎이 형성되는 공간적 질서이며, 그 안에서 사상들이 나타나고 과학이 형성되고 경험이 성찰되는 역사적 선험성이다. 이 심층적 윤곽은 한 시대의 모든 과학적 담론, 모든 언술의 생산을 가능하게 하는 인식의 격자눈금이며, 같은 시대를 사는 모든 사람들에게 경험적 질서를 제공해 주는 문화적인 기본 코드이다. 따라서 한 시대의 사람들이 생각할 수 있는 것과 생각할 수 없는 것, 즉 사유의 한계를 정의하고 확정 짓는 깊은 토대이다. 모든 과학은 에피스테메의 테두리 안에서 발전했고, 상호 긴밀한 관계를 맺고 있다.

푸코에 의하면 르네상스 시대의 에피스테메는 유사성(ressemblance)이었다. 르네상스 시대의 사람들은 유사성의 구조 안에서 사유했다. 하늘은 해와 달이라는 두 눈을 가졌으므로 사람의 얼굴과 닮았고, 만유인력 속에서 모든 것은 모든 것에 연결되므로 인간의 운명은 천체의 운행과 연관이 있었다. 이 모든 것을 신이 만들어 놓았고, 그 관련성은 사물 속에 감추어져 있었다. 그래서 학자들은 비밀의 지식을 추구했고, 그들에게 있어서 학문이란 추정과 해석에 다름 아니었다. 말도 사물을 지시하는 도구가 아니라 사물 그 자체와 동일시되었다.

이 말과 사물 사이의 유사성이 고전주의 시대(17세기 후반과 18세기 전체의 약 150년간)에 들어와 붕괴되었다. 사물 속에 감추어진 신의 표지나 사물과 사물 사이의 서로 유사함(상사, 相似)은 없고, 언어는 사물을 재현하는 투명한 도구로 간주되었다. 따라서 앎은 더 이상 추정이 아니고, 개별적인 동일성과 차이에 기반한 분류와 분석의 방식이었다. 말은 생각을 재현했고, 그림은 사물을 재현했다. 신이 창조한 세계 안에 모든 존재들이 있고, 인간은 그 존재들을 언어적 기호 혹은 그림으로 재현할 수 있다고 믿었으며, 그것만이 유일하게 학문이라고 생각했다. 재현의 시대가 시작된 것이다.

재현의 에피스테메에서 가장 중요한 것이 분류학(taxinomie)이다. 분류학은 복잡한 표상*들을 하나의 기호 체계 안에 일목요연하게 정리하는 것, 다시 말하면 사물의 표상들을 동일성과 차이의 일람표(tableau) 안에 순서대로 위치시키는 것이다. 그것이 일반문법이건 박물학이건 또는 부(富)의 분석이건 간에 그 시대의 학문은 언제나 철저하게 인식 대상의 순서를 정하는 일이었다. 식물을 종(種)에 따라 분류한 린네나 뷔퐁의 박물학, 혹은 18세기 디드로가 주도해 만든 백과사전이 그 대표적인 것이다. 결국 고전주의 시대의 학문은 일람표 작성이었고, 앎의 중심은 일람표였다.

학문이 곧 일람표이고, 모든 의미가 일람표 안에 있으므로 일람표는 인식의 장(場)이었다. 인간도 이 일람표 속의 한 자리를 차지했다. 인간이라고 별다른 특권이 있을 수 없었다. 비록 다른 동물과 달리

---

* 프랑스어의 représentation을 동사적 의미에서는 '재현'으로 번역하고, 재현된 기호라는 명사적 의미에서는 '표상'으로 번역했다. 이것은 미술과 철학 분야에서 지배적인 용어로 거의 굳어져 있기 때문에 그 관례를 따른 것이다. 구체적으로 말하면, 튤립을 그린 그림은 '재현', '튤립'이라는 말은 '표상'이 되는 것이다. 그러나 그것을 혼동하여 사용하기도 하였다. 여하튼 '재현'이나 '표상'이 동일한 원어의 번역어라는 것을 밝혀 두는 바이다.

언어적 기호를 사용할 능력을 타고난 합리적 존재이지만, 인간 역시 동물의 한 종류였기 때문이다. 모든 동물의 일람표 안에 인간의 자리를 적절하게 배치함으로써 인간은 자신의 성질을 정확히 연역해 낼 수 있었다. 다만 이때 인간은 '인간'이라는 생물학적 종(種)으로 수렴될 뿐, 자신의 유한성을 의식하는 초월적 존재로서의 개인은 아니었다. 인간은 생물학적 존재라기보다는 정신적 존재인데, 일람표 안에는 생물학적 개체로서의 인간은 있으되 각자 고유의 인생 체험을 가진 구체적 인간이 놓일 자리는 그 어디에도 없었다. 일람표를 작성하고, 일람표 안에 표상들을 설치하는 사람은 일람표를 탄생시킨 매우 중요한 사람들임에도 불구하고 아이러니하게도 막상 일람표 안에 그들의 자리는 없다. 유일한 인식의 장이었던 일람표 안에 인간이 부재(不在)했다는 것은 결국 인간이 인식의 대상에서 제외되었다는 이야기다. 고전주의 시대에 인간은 이렇게 인식론에서 완전히 배제되었다는 것이 푸코의 생각이다.

벨라스케즈의 그림 「시녀들」도 마찬가지다. 화가는 모든 것을 다 재현했지만, 그림을 그리고 있는 순간의 자신의 모습은 재현하지 못했다. 화폭 밖으로 고개를 내밀고 잠시 그리기를 중단한 화가가 만일 다시 그리기를 시작한다면, 그는 화폭 뒤로 사라져야만 한다. 재현들을 실행하고 그것들을 자기 의도에 맞게 대상으로 전환시키는, 통합된 혹은 통합하는 주체는 도저히 그림 속에 나타날 수 없다. 다시 말하면, 재현의 행위 그 자체, 재현의 기능이 행해지고 있는 순간의 통합된 전개는 그림 위에 재현될 수 없다. 이 그림의 패러독스는 '재현의 행위를 재현하지 못하는 불가능성'이다.

일람표와 그림은 프랑스어에서 똑같이 타블로(tableau)이다. 그림을 그리는 행위 또는 그려진 그림이 재현이라면, 일람표 속 식물의 이름들은 모두 그 식물의 표상들이다. 재현이건 표상이건 역시 프랑스어로는 똑같은 représentation이다. 그러므로 '그림 안의 재현'은 '일람표 안의 표상'과 똑같은 말이 된다.

「시녀들」을 그린 벨라스케스가 그림 속의 화가라는 재현된 이미지로 그림 안에 나타나지만 실제의 벨라스케스는 그 안에 자리 잡을 수 없는 것처럼, 인간은 동물의 일람표 안에서 '인간'이라는 표상으로 자리 잡을 수는 있어도 그 일람표를 작성한 재현의 동작주로서는 있을 자리가 없다.

"고전주의적 사유 안에서 그를 위해 재현이 존재하는 그 사람, 재현 안에서 이미지 혹은 거울 속의 영상으로만 자신을 재현하는 그 사람, 그림 안의 복잡하게 얽힌 끈들을 얽어 정리하는 그 사람은 그림 안에 모습이 보이지 않는다"라고 푸코가 말했을 때, 이것은 절묘하게 일람표를 작성하는 주체적 인간의 부재, 더 나아가 고전주의 에피스테메에서의 인간의 부재를 의미하는 것이다.

2. 데리다

「디뷰타드 혹은 그림의 기원」

철학자 데리다는 전시회 기획도 한 적이 있다. 맹인들의 그림만을 모아 전시회를 기획함으로써 가시성의 문제에 정면으로 도전하였다. 그는 그림을 잘 그리는 형에게 심한 질투를 느끼며, '그림을 잘 그리지 못하는 것을 하나의 불구, 아니 그보다 더한 죄스러운 불구 혹은 은밀한 처벌로서 경험했다'고 고백한 적이 있다. 어린 시절의 상실감과 박탈감이 데리다에게 정신적 외상이 되었던 것일까? 그는 1990년에 루브르 박물관에서 「맹인의 기억들, 자화상과 폐허」라는 이름의 특별전을 기획하기에 이른다.

미술이라는 것이 화가 자신이 눈으로 본 것을 형상화하여 다른 사람들에게 보여주는 것일진대, 맹인의 그림이라는 것은 그 자체로 역설적이다. 하지만 보고 보여주는 가시성의 예술인 미술조차 비가시성 혹은 눈멂을 피해 갈 수 없다는 것, 아니 피해 갈 수 없을 뿐만 아니라 오히려 눈멂이 그래픽 재현의 기원이며 조건이라는 것을 이 전시회는 보여주고 있다.

전시회를 결산하는 같은 제목의 책 역시 우리를 불편하게 하기는 마찬가지다. 전시 작품의 도록을 곁들인 일종의 안내서이지만 저자 자신의 말마따나 단순한 전시 안내서로 읽을 수 없는 책이다. 미술작품에 대한 해설서도 아니고, 그렇다고 문학 에세이도 아니다. 구약 성서와 그리스 신화에 나오는 맹인들의 이야기부터 시작하여, 호머에서 밀턴, 조이스를 거쳐 보르헤스에 이르기까지 눈멂이 선민(選民)과 동일시되는 맹인 문학가들의 고귀한 계보를 작성하는가 하면, 오스카 와일드의『도리안 그레이의 초상』, 에드가 앨런 포우의『타원형의 초상화』 등 죽음을 가져오는 재현의 이야기, 미술과 관련된 자신의 은밀한 사적 이야기, 드로잉에 있어서의 지각(知覺)과 선묘(線描)의 불일치성, 모든 가시적인 것의 근원이 비가시성이라는 메를로-퐁티의 이론 등 실로 현란하게 경계선을 넘나드는 내용을 담고 있다.

그리고 다시 눈멂의 주제로 돌아와 호프만의『모래 사나이』를 거세 공포로, 자기 눈을 멀게 한 오이디푸스를 거세 응징의 완화된 형태로 해석한 프로이트를 소개한 후, 같은 맥락으로 눈을 죄악의 근원으로 파악한 성 아우구스티누스의 고백을 상기시킨다. 마지막으로 니체의『에크 호모』를 맹인의 디오니소스적 반고백록으로 규정하며 책을 마치고 있다.

이 책에서 우리의 눈길을 끄는 것은 조세프-브누아 쉬베*가

* Joseph-Bencît Suvée(1743-1807)의 작품 『Dibutades ou l'origine de la peinture』는 벨기에 브뤼헤의 그뢰닝게 미술관에 소장되어 있다. 연인의 그림자를 그리는 코린트 여인의 이미지는 당시 유행하던 주제였다. 쉬베의 그림 외에도 Jean-Baptiste Regnault의 『Butades Tracing the Portrait of Her Shepherd or the Origin of Painting』이 베르사이유 궁전에 소장되어 있다. Charles-Nicolas Cochin Jr.(1769년)

1791년 살롱전에 출품했던 『디뷰타드 혹은 그림의 기원』이라는 제목의 그림이다. 우선 맹인의 그림이 아니면서 맹인들의 그림 전시 목록에 들어 있다는 것부터가 뭔가 예사롭지 않다.

이것은 벨라스케스의 그림과는 달리 비교적 단순한 구도로 되어 있다. 램프 하나가 어둠을 밝히고 있는 방 안에서 옆모습의 여인이 남자 쪽으로 몸을 비스듬히 기대고 있고, 반쯤 앉은 자세로 여인을 부둥켜안은 남자의 얼굴은 위로 젖혀져 있다. 오른쪽에 있는 램프 불빛으로 여인의 옷과 목덜미가 환하게 빛나고 있고, 여인의 옆얼굴과 남자의 몸은 절반가량 어둠에 잠겨 있다. 왼편 벽에 두 사람의 그림자가 선명하게 드러나 있는데, 여인은 연인의 등 너머로 벽에 비친 그림자의 윤곽선을 따라 남자의 초상화를 그리고 있다. 이별을 앞두고 자기 애인을 그림으로나마 간직하기 위해 벽에 비친 연인의 그림자를 그대로 따라 그리고 있는 것이다. 이 그림은 고대 희랍의 코린트 여인 디뷰타드의 고사에서 따온 것이다.

기원전 6세기경 고대 그리스의 시키온에 살던 도공(陶工) 디뷰타드의 딸은 전쟁터에 나가는 연인과 헤어지기 전에 램프 불에 비친 연인의 그림자를 벽에 그렸다. 그녀의 아버지는 이것을 진흙으로 빚어 가마에 구워내 막새기와 장식으로 썼다. 이것이 사람의 얼굴을 기와 장

도 이 주제를 그렸으며, 독일인 Friedrich Bolt는 『The Origin of Painting』이라는 제목의 석판화를 남겼다. 그보다 1세기 앞서 Charles Le Brun(1676년)도 이 주제를 다룬 바 있다. 코쉘과 르 브렁의 그림은 원화가 아닌 동판화로만 전해지고 있다.

식에 쓰기 시작한 첫 번째 기록이다. 이 기와는 기원전 146년 무미오스가 코린트를 파괴할 때까지 이 도시에 보존되어 있었다고 한다. 이 고사는 조각의 기원, 드로잉의 기원이라는 미술사적 측면만이 아니라, 초상화와 기억 보존의 관계, 현전과 부재를 동시에 함축하는 그림자의 문제 등 미학적 차원에서도 비평가들에 의해 자주 인용되고 있다. 이제 데리다에 의해 이것은 흔적, 차연(差延) 등의 후기 구조주의적 의미를 하나 더 추가하게 되었다.

눈멂 – 드로잉의 기원

그림을 그리고 있는 장면을 그린 그림이라는, 다시 말해서 재현의 재현이라는 점에서 쉬베의 그림은 벨라스케스의 「시녀들」과 닮았다. 17-18세기의 화가, 문필가들에게 있어서는 사랑이 그림의 기원이었다. 루소도 『언어의 기원론』에서 "사랑이 그림을 발명했다. 기쁘게 연인의 그림자를 따라 그리는 여인은 연인에게 얼마나 많은 이야기를 하고 있는가!"라고 말하고 있는 것을 보면 디뷰타드의 고사가 그들에게 얼마나 강렬한 영감을 주었는지 짐작할 수 있다.

데리다는 사랑이 회화의 기원이라는 이 주제를, 드로잉이 지각(知覺)보다는 기억에 더 의존한다는 것, 그러니까 그림의 기원은 눈멂이라는 가설의 설득력 있는 은유로 전환시켰다. (그보다 앞서) 드로잉의 기원이 기억이라는 것을 처음으로 발견한 것은 19세기의 상징주의

쉬베, 「디뷰타드 혹은 그림의 기원」 1791년
Oil on canvas, 267 X 131.5cm, Groeninge Museum, Bruges

시인 보들레르였다. 『근대의 화가와 다른 에세이들』에서 그는 G씨의 드로잉 기법을 언급하며 "그는 모델에 따라 그리는 것이 아니라 기억에 따라 그린다. 모든 진정한 드로잉 화가들은 그들의 머릿속에 인쇄된 이미지를 그리는 것이지 자연의 대상을 그리는 것이 아니다"라고 말한 바 있다.

그림자의 선을 따라 연인의 그림을 그릴 때 디뷰타드는 자기 연인을 볼 수 없다. 그림을 그리는 동안 그녀는 자기 연인에 대해 눈먼 소경이다. 이러한 눈멂이 어쩌면 모든 그림의 기원이며 조건이 아닐까? 종이 위에 선을 긋는 바로 그 순간에 화가의 눈은 모델을 바라보고 있지 않다. 다시 말해서 모델에 대해 눈이 멀어 있다. 또 선을 긋다가 모델을 바라보는 순간 화가는 더 이상 종이 위의 선을 보지 않는다. 이번에는 종이 위의 선에 대해 눈멀어 있다.

데리다가 어린 시절의 미술에 대한 열등감을 고백하는 구절은 그림의 기원으로서의 눈멂을 가장 쉬운 말로 극명하게 압축해 보여준다.

"사실을 말하자면 손으로 모델의 명령을 따를 능력이 내겐 없었다. 그림을 그리려고 하면 나는 더 이상 사물을 보고 있지 않기 때문이다. 사물은 즉각 도망쳐 시야에서 사라지고, 거의 아무것도 남지 않는다. 내 눈앞에서 그것은 사라진다. 내 눈은 더 이상 아무것도 지각하지 못하고, 오직 이 사라지는 환영의 조롱 섞인 오만함만을 느낄 뿐이다. 내 눈앞에 남아 있는 사물은 내게 도전하고, 마치 발산하듯 비가시성을 산출한다. (…) 내 안에 있는 어린 아이가 질문을 던진다. 어떻게 모델과 선(線)을 동시에 본다고 주장할 수 있는가? (…) 어느 하나에는 장님이 되어야 하지 않는가? 다른 한쪽의 기억에 만족해야 하지 않는가?"

그림이라는 것이 원래 대상을 모방하고 재생하며 재현하는 것이라 하더라도, 비록 모델이 화가의 바로 앞에 앉아 있다 해도 드로잉의 선은 어둠 속에서 그려지는 것과 다름없다. 그것은 시각의 장에서 도망친다. 그래서 데리다는 그려진 사물과 그것을 표현하는 선들 사이의 이질성이 가히 심연과도 같다고 말한다. 재현된 사물과 재현 사이의 관계이든, 아니면 모델과 (그려진) 이미지 사이의 관계이든 간에, 그것은 가시성과 비가시성 사이의 이질성이다. 가시적(可視的)인 것의 가시성(可視性, visibility)은 아리스토텔레스가 빛의 투명성에 대해 말했듯이 결코 보여질 수 없기 때문이다.

가시성(可視性, visibility)이니 비가시성(非可視性, invisibility)이니 하는 말이 어렵게 느껴진다면, 가시성은 눈에 보이는 것, 비가시성은 눈에 보이지 않는 것이라고 생각하면 된다. 가시성은 우리 눈에 보이는 모든 시각적인 것이고, 비가시성은 우리의 머릿속 생각 같은 관념적인 것이다. 똑같은 내용의 것이라도 그림으로 그려 우리 눈앞에 보여주면 그것은 가시성이고, 문자로 써서 우리가 머릿속으로 생각하게 만들면 그것은 비가시성이다. 그러니까 모든 회화, 그림 등의 구체적 미술작품들은 가시성이고 텍스트로 만들어진 모든 문학이나 사상은 비가시성이다. 그림은 가시성이고, 언어는 비가시성이다.

흔적, 차연, 해체

디뷰타드는 자기 연인의 그림자를 그린다.

그림자란 무엇인가? 그것은 현전과 부재를 외시(外示, dénotation)와 내포(內包, connotation)*로 담고 있는 이중의 기호이다.

---

* 외시(外示, dénotation)와 내포(內包, connotation)는 단어들이 의미를 전달하는 방식을 지칭하는 기호학 용어다. 외시는 단어의 글자 그대로의 사전적 정의. 예컨대 '집'이라고 하면, 한국의 모든 언중(言衆)이 공유하고 이해하고 있듯이 주거 공간이라는 근본적이고 객관적인 의미. 즉 사전에 나와 있는 모든 직접적이고 명시적인 의미가 외시다.
반면 내포는 한 단어의 글자 그대로의 정의를 넘어서 그 단어가 함축하고 암시하고 연상시키는 의미다. 예를 들어 '집'의 코노테이션은 이 단어의 사전적 정의인 '주거 공간'을 넘어 집이 우리에게 상기시키는 감정적 문화적 연상, 즉 따뜻함, 너그러움, 소속감 같은 주관적이고 함축적인 의미다.
1977년 롤랑 바르트는 파스타 회사 판자니의 광고를 예로 들어 광고 문맥에서의 코노테이션의 미묘함과 힘을 분석한 적이 있다. 빨간 색 배경 속에 노랑과 초록 색깔이 두드러지는 광고 이미지의 첫 번째 메시지는 물론 한 귀퉁이에 있는 사진 설명과 라벨이 말해 주듯 판자니 회사의 파스타 광고다.
그러나 언어적 메시지를 잠시 잊고 그림만 바라보면 반 쯤 열린 시장 포대에서 지금 막 쏟아져 나온 파스타 몇 팩, 깡통 1개, 티백 1개가 토마토, 양파, 버섯들과 함께 식탁 위에 무질서하게 쌓여 있는 기표만 남는다. 시장에서 돌아와 지금 막 시장바구니를 비우고 난 후의 장면이다. 이 신선한 그림이 내포하고 있는 것은 농산물의 신선함, 이 농산물들을 가지고 조리할 음식의 풍미, 그리고 그 음식을 둘러앉아 함께 먹을 가족들의 행복감이다. 이 내포적 의미를 읽기 위해서는 '스스로 시장 보기'가 기계 문명의 성급한 저장(통조림, 냉장고)보다는 훨씬 우월한, 좀 더 건강하고 자연스러운 가치라는, 사회적으로 합의된 가치관이 전제되어 있어야만 한다.
또한 노랑, 초록, 빨강 등 3색의 색조는 이탈리아적인 것을 의미한다.

우선 그것은 그림자를 만들어낸 물체와 인접해 있으므로 하나의 환유(換喩)로서 현전(現前, présence)을 표시한다. 그러나 동시에 거기에는 그 물체가 실재하지 않으므로 그것은 부재를 내포한다. 대상을 보고 만질 수 있는 우리의 현재적 지각으로부터 유리되었고, 피와 살을 가진 대상의 실재로부터도 떨어져 나왔으나 그 실재와 똑같은, 아니 더 정확히 말하면 똑같은 것은 아니고 다만 그것을 상기시킬 뿐인 어떤 것, 그것은 바로 '기억'이 아닌가? 기억이란 시간적 공간적 간격에 의해 현전의 영역에서 사라져 버린 실재가 우리 머릿속에 남겨놓은 흔적이다. 그림자와 기억은 서로 닮은꼴이다.

모델을 바라보기만 한다고 해서 그림이 되지 않고, 무작정 선을 그린다고 해서 그림이 되는 것도 아니다. 화가가 모델을 바라볼 때 그

영화배우 마릴린 먼로의 사진에 대한 롤랑 바르트의 분석도 매우 흥미롭다. 외시적 차원에서 이것은 심플하게 미국의 유명 여배우 사진이다. 좀 더 깊이 들어가 내포적 차원으로 내려가면 이것은 글래머, 섹슈얼리티, 미인 등의 성질을 가진 여배우의 사진이다. 그러나 그녀 죽음의 미스테리를 알고 있는 요즘 시대의 우리가 이 사진을 본다면 사진 속 인물은 우울, 마약 복용, 돌연사 등을 떠올리게 하는 할리우드 대표 여배우의 사진이 된다.

롤랑 바르트는 여기서 외시와 내포에 더하여 신화적 차원을 추가한다. 할리우드가 스타의 형태로 글래머를 제조하는 꿈의 공장이 되었다는 것, 그러나 동시에 그 꿈의 공장은 자본의 이익과 편의성을 위해 자신들이 만들어낸 스타들을 마음대로 파괴하기도 하는 잔인한 기계라는 것을 이 사진의 기표는 내포하는데, 그것이 바로 이 사진이 작동시키는 할리우드적 신화라는 것이다.

이때 신화란 인류 문명 최초의 신화를 말할 때의 그런 신화가 아니라 한 사회의 지배 이데올로기를 지탱하는 고정 관념이라는 의미다.

그런데 문화적 신화에 대한 기호학적 분석은 특정의 사회 안에서 행해진다. 한 사회 안에서 어떤 가치와 태도와 신념들은 지지 받는데 다른 가치와 태도와 신념들은 왜 사람들로부터 배척되어 사라지고 마는가,라는 의문이 기호학적 분석의 출발점이다. 하지만 기호학자들도 그 문화의 생산물이므로 그들 역시 그 사회의 지배 이데올로기를 대부분 '당연한 것'으로 받아들인다는 것이 이 이론의 문제점이다. 문화 분석에 앞서 우선 인간의 기본적인 가치가 무엇인지를 투명하게 성찰하는 것이 필요한 이유이다.

모델은 현전이다. 그러나 종이 위에 선을 긋기 위해 얼굴을 아래로 숙이는 순간 모델은 사라져 그것은 부재(不在, absence)가 된다. 엄밀히 말해서 부재라기보다는 현전의 흔적이다. 그 사이에는 미세한 간격이 있다. 바라보고 그리는 작업이 끊임없이 반복되는 그림그리기는 결국 거기 있는 것과 없는 것, 현전과 부재 사이의 끊임없는 직조(織造)에 다름 아니다.

'간격', '흔적' 혹은 '현전과 부재 사이의 직조'라는 말들이 벌써 우리를 데리다의 중(核)심 개념으로 성큼 인도한다. 디뷰타드의 이미지는 데리다 철학의 중심 개념인 흔적, 차연의 서사적 은유였던 것이다.

데리다에게 있어서 가시적인 것과 언어적인 것은 둘 다 선(線, trait)으로 구성되어 있다는 점에서 동일하다. 프랑스어의 트레(trait)는 선, 줄, 그림의 윤곽선, 묘선(描線), 표현, 말이라는 정적인 의미와 함께 (활을) 쏘기, (창을) 던지기 등의 운동성까지 포함하고 있어서 선을 긋는 행위인 그림과 글쓰기에 두루 쓰일 수 있다.

이것 역시 데리다에 의해 특권적으로 사용되고 있는 단어이다. 형의 그림 솜씨를 따라가지 못해 심한 열등감을 느꼈던 동생 데리다는 드로잉 대신 또 다른 선, 즉 비가시적인 단어들의 그래픽, 시간과 목소리가 일치되는 선으로서의 글쓰기에 일생을 바치기로 결심한다.

마치 '눈에는 눈, 이에는 이'라는 성경 구절처럼 '하나의 선(線) 대신 또 다른 선(線)'이라고 말할 때 그에게서 그림과 글쓰기는 완전히 동일한 것이 된다.

"내 안에 있는 맹인이 포기해 버린 드로잉 대신 나는 다른 선(線), 즉 보이지 않는 단어들의 문자(그래픽)와 말이라고 불리는 이 시간과 목소리의 일치, 즉 글쓰기의 부름을 받았다. 하나의 선과 다른 선의 은밀한 교환 혹은 대체라고나 할까." 여기서 가시성은 그림, 비가시성은 글쓰기라는 용어의 정립이 확실하게 드러난다.

언어와 마찬가지로 그림도 흔적의 작용, 즉 현전과 부재의 교직(交織)이 없이는 기능할 수 없다. 드로잉의 기원에 있는 이중의 눈멂이란 현전과 부재의 놀이에 다름 아니었다.

현전과 부재의 직조란 결국 끊임없는 차이의 운동이다. 음성 언어이건 문자 언어이건 간에 언어의 그 어떤 요소도 다른 요소와의 관련 없이는 기능할 수 없다.

데리다는 언어에서의 의미는 차이로부터 발생한다고 확실하게 믿는다. 예컨대 pig, big, bag, rag, rat…이라는 단어들의 나열에서 '돼지', '큰', '자루', '누더기', '생쥐'라는 의미는 pig과 big의 p와 b의 차이, big과 bag에서 i와 a의 차이에서 발생한다.

우리말에서도 '달변', '다변', '웅변', '궤변', '강변', '눌변'에서 의미는 달, 다, 웅, 궤, 강, 눌 등의 차이에서 발생한다. 따라서 우리가 의미를 파악하는 것은 '이것이 pig이 아니고 big이지' 혹은 '이것이 달변이 아니고 다변이지'라는 차이 확인의 과정을 거치면서이다.

pig이 아니고 big이라는 것을 확인하는 순간 우리의 의식에는 pig이라는 단어가 잠시 남아 있다가 그것이 big으로 대체된다.

다시 말하면 같은 체계의 다른 요소가 흔적으로 남아 있다가 새 요소와 중첩되고, 이 새 요소는 또 다른 요소의 흔적이 된다.

"그 어떤 요소도 그 역시 자체적으로 현전하지 못하는 다른 요소를 지시함이 없이는 기호로서의 기능을 하지 못한다."

그리고 그 어떤 것도 온전하게 있고, 온전하게 없는 것이 아니라 마치 하나의 글자 위에 X 표시를 하여 그 글자를 삭제한 것처럼 하나의 흔적 위에 다른 흔적이 덧씌워지는 형국이다.

그것은 있으면서 없고, 취소되었으면서 삭제되지 않았고, 현전이면서 부재이다. 따라서 언어는 있음과 없음 사이의 끊임없는 교직(交織)이다. 있음이라는 씨줄과 없음이라는 날줄의 무한히 들고나는 직조(織造), 하나의 텍스타일(textile), 이것이 바로 텍스트이다.

헝겊의 텍스타일은 섬유의 실로 되어 있지만 언어의 텍스트는 음소(音素)나 문자소(文字素) 같은 요소들이 사슬처럼 연계되어 있다. 그런데 이 요소들은 자연의 사물처럼 원래부터 완전한 물질성이 아니라 연쇄 혹은 체계 안의 다른 요소로부터 만들어진 것이고, 또 이것이 다른 요소들을 구성한다. 요소들이 서로 겹치고, 사라지고, 흔적이 남는 과정이 바로 텍스트의 연계 운동이다. 따라서 체계 안의 그 어느 요소들도 단순히 현전 혹은 부재라고 단정지을 수 없다. 여기저 기 차이들과 흔적의 흔적들만이 있을 뿐이다.

그런데 의미를 발생시키는 차이는 끊임없이 흔적에서 흔적으로 움 직이는 불안정한 유동성이다. 확고부동하게 고정되어 있는 정적(靜 的)인 차이(différence)가 아니다. 여기서 지연, 연기라는 시간성과 차이 라는 공간성을 한데 합친 데리다의 신조어 차연(差延, différance)이 생겨 났다.

프랑스어에서 디페레(différer)는 지연, 양도, 유예, 우회, 유보 등에 의해 무엇을 연기시킨다는 뜻의 동사이다. 물론 '차이가 난다'는 뜻 의 동사이기도 하다. 그러므로 이것은 시간과 공간을 다 아우르는 개 념이다. 그러나 프랑스어에는 이 동사의 명사형이 없다. différer의 명 사형인 디페랑스(différence)는 '차이'라는 뜻만 갖고 있을 뿐이다. 여기 서 데리다는 différer 동사의 현재분사형인 디페랑(différant)을 다시 명 사화하여 디페랑스(différance)라는 용어를 만들어 냈다. différence와 발 음은 똑같이 '디페랑스'이지만 스펠링은 e가 a로 바뀌었으며, '차이' 와 '연기하다'라는 공간적 사물과 시간적 운동을 다 포함하게 되었 다. 우리말에서는 차이와 연기를 합쳐 차연(差延)이라는 용어를 쓰고 있다.

그러므로 의미작용을 가능하게 하는 것은 차연이다. 현전의 장에 나타나는 모든 요소들은 선행하는 다른 요소들의 흔적을 간직하고 또 미래의 요소와 벌써 관계를 맺으면서 자신을 자기 아닌 다른 요소들과 관련짓는다. 끊임없이 지연되고 뒤틀리고 미끄러지는 이와 같은 차연의 성질 때문에 모든 언어는 비확정성이다. 언어가 가진 피할 수 없는 내재적 불안정성은 여기서 유래한다.

흔적이 현전과 부재 사이의 끊임없는 미끄러짐이라면 모든 언어와 사유와 의미에서 우리가 철석같이 믿고 있던 확고부동성은 깨질 수밖에 없다. 철학적 단어들 역시 완벽한 현전을 이룰 수 없기는 마찬가지다. 데리다의 해체적 전략이 여기서부터 시작된다. 그는 형이상학적 사유 안에 불안정성을 도입하기 위해, 그리고 글이라는 것이 비확정성이고, 현전과 부재의 놀이이며, 요소들 사이의 근본적인 차이에 의거하고 있다는 것을 보여주기 위해 텍스트의 해체를 시도하는 것이다.

데리다의 '해체'는 그 말의 어감이 가진, 건물의 파괴나 구조물의 해체를 연상시키는 부정적, 아방가르드적 인상으로 철학을 모르는 일반 대중들에게까지 이 말을 널리 유행시켰다. 그러나 데리다가 말하는 해체란 텍스트를 면밀히 해독하여 저자가 텍스트 내에서 사용하고 있는 용어가 일관성이 있는지를 밝혀내는 방법일 뿐이다. 그는 후설, 소쉬르, 프로이트 등의 저서들을 비판하기 위해 이 방법을 사용했다. 텍스트의 권위는 일시적이고, 그 기원을 한없이 거슬러 올라가 보면 기원이라는 것도 역시 다른 것의 흔적에 불과하다는 것을 그는 해체적 글읽기를 통해 밝혀내고 있다.

3. 가시성

모든 철학적 단어들이 결국은 은유이고 그 시원(始原)에는 감각적인 기원이 있듯이 '가시성'(visibilité)이라는 단어도 '눈에 보임'이라는 감각적 의미가 그 기원이다. 따라서 메를로-퐁티, 푸코, 들뢰즈 등에 의해 거의 신비할 정도의 새로운 의미가 추가되었다 해도 이들의 저작 안에서 모든 '가시성'의 단어에 긴장할 필요는 없다.

'가시적(visible)', '비가시적(invisible)'이라는 말이 무수하게 나오는 『말과 사물』의 첫 번째 장도 마찬가지다. 예컨대 "완강하게 비가시적인 큰 화폭은…"이라는 문장에서 '비가시적'은 그저 캔버스가 뒤로 돌려져 우리 눈에 그 앞면이 보이지 않는다는 의미일 뿐이다.

그러나 "오른쪽 보이지 않는 창문으로부터 모든 재현을 가시적으로 만드는 투명한 볼륨의 빛이 들어와…"라는 문장에서 '보이지 않는 창문'이라는 지극히 경험적이며 감각적인 표현은 '모든 재현을 가시적으로 만든다'는 구절과 함께 '가시성'의 철학적 은유를 가장 극명하게 보여주는 예이다. 그것은 가시성의 근원이 비가시적이라는 것을 말해 주고 있다.

가시성이란 무엇인가? 메를로-퐁티에게 있어서 '가시적인 것'은 글자 그대로 모든 '보이는 것들'이다. 외관(apparence) 혹은 현상과 동의어이다. 이 외관의 배후에 있으면서 그 외관을 가시적으로 만드는 본질을 그는 '사물의 살(肉)' 혹은 '비가시성'(l'invisible)이라고 불렀다. 그러니까 메를로-퐁티에게 있어서 '가시적인 것'(le visible)과 '비가시적인 것'(l'invisible)은 하이데거의 '존재자'와 '존재'에 그대로 대응한다. 그는 우리가 주관적 범주인 과학적 개념에 따라 자연을 재단하는 동안 세계의 원초적 본질인 이 '보이지 않는 것'을 망각했다고 말한다. 그리고 이 원초적인 본질, 즉 '비가시적인 것'을 가시적으로 만드는 것이 화가의 작업이라고 생각했다. 세잔느의 「생뜨 빅투아르 산」을 예로 든 것은 바로 이 대목에서였다.

메를로-퐁티에게서 가시성과 비가시성이 반대항이라면, 푸코와 들뢰즈에게 있어서 가시성의 반대는 비가시성이 아니라 언표(言表, énoncé)이다. 쉽게 말하면 '눈으로 볼 수 있는 것'과 '말로 할 수 있는 것'(佛 l'articulable, 英 sayable), 그러니까 시각적인 것과 언어적인 것의 대립이다.

그러나 무엇이 가시적인가? 내가 서재 안의 모든 집기들을 바라보고 있으므로 그 물건들이 '가시적이다'라고 말할 수 있을까? 어두운 밤 동안 그것들은 가시적이 아니었다. 어두운 방에 들어와 전등을 켰을 때 비로소 집기들은 내 눈에 가시적이 된다. 그러므로 가시성의 원천은 빛이다. 가시성은 단순히 빛 아래서 드러나는 대상의 형식도

세잔느, 「생뜨 빅뚜아르 산」 1887–1890년
Oil on canvas, 65 X 92cm, Musée d'Orsay, Paris

아니고, 보는 주체의 행동과 시각적 의미의 자료만도 아니다. 차라리 그것은 섬광이나 불꽃처럼 대상을 번쩍 비추어 그것들을 존재하게 만들어주는 빛의 형식이다. 존재 개시(開始) 속에서 존재자의 드러남을 말할 때 하이데거가 썼던 리히퉁(獨 Lichtung, 佛 clairière, 英 clearing)과도 비슷하다.

리히퉁은 하늘의 구름이 일부 걷힌 부분 혹은 숲 속의 빈터를 뜻한다. 나무들이 빽빽이 들어찬 숲 속을 지나다 보면 어느 부분에서 나무가 없는 훤한 공터를 만나게 된다. 나무로 어둡게 시야가 가려지다가 갑자기 환한 빛 속에 놓이게 되는 것, 이것이 하이데거가 존재의 개시를 설명하는 은유적 방식이다. 이 환하게 열린 공간 안에 서 있을 때만 존재자들은 존재자일 수 있고, 이 공간만이 우리 인간에게 우리 아닌 존재자 혹은 우리 자신의 존재에 접근하는 것을 허용해준다. 이 환하게 열린 공간 안에 서 있는 존재가 바로 현존재(Dasein)이다. 이것이 사르트르의 실존과는 다른 하이데거 고유의 실존의 개념이다.

그러나 빛 자체가 가시성은 아니다. 여기서 가시성의 반대가 언표라는 사실에 주목할 필요가 있다. 언표(佛 énoncé, 英 statement)란 논리학에서 말하는 명제(proposition) 또는 문법에서 말하는 문장(佛 phrase, 英 sentence)과 다르며, 영미권 학자들이 말하는 담화 행위(佛 acte illocutoire, acte de formulation, 英 speech act, act of formulation)와도 같지 않다.

우선 언표는 명제와 다르다. 하나의 명제가 있는 곳에서 우리는 완전히 서로 다른 두 개의 언표를 가질 수 있다. 예컨대 '아무도 듣지 않았다'와 '아무도 듣지 않은 것은 사실이다'라는 두 표현은 논리적인 관점에서는 구분을 할 수 없고, 따라서 두 개의 다른 명제로 간주할 수 없다. 그러나 담화의 측면에서 이 두 표현은 전혀 같은 언표가 아니다. 만일 '아무도 듣지 않았다'라는 문장을 소설의 첫 머리에서 읽었다면 우리는 이것이 저자 혹은 한 주인공의 발언이라는 것을 알 수 있다. 그러나 '아무도 듣지 않은 것이 사실이다'라는 문장에서 우리는 내적 독백, 자신과의 말없는 논쟁, 대화의 단편, 일단의 질의응답 등을 상정해 볼 수 있다. 이 두 문장의 경우 명제의 구조는 동일하나 언표적 성격은 전혀 다르다.

두 번째로, 문장도 언표와 같은 것이 아니다. 문법에서 문장이란 주어, 동사, 보어 등을 갖춘 완결된 형식을 말하지만, 이런 정식의 문장만이 아니라 '당신!' 같은 인칭 대명사, '그 사람' 같은 명사적 연사(連辭, syntagme), '절대로!' 같은 부사의 외마디도 훌륭한 하나의 언표이기 때문이다.

세 번째로, 언표는 담화 행위도 아니다. 각각의 담화 행위는 언표 안에 현실화되어 있고, 반대로 언표는 담화 행위를 포함하고 있으므로 언표를 담화 행위와 같은 것으로 착각할 수도 있다. 그러나 가끔 하나의 담화 행위를 작동시키기 위해 하나 이상의 언표가 요구되는 수가 있으므로 언표는 담화 행위와 같은 것이 아니다.

그럼 언표란 무엇일까? 언표는 물론 언어적 기호를 가지고 만들어 낸다. 단순한 알파벳에서부터 복잡하고 긴 문장에 이르기까지 모든 단어, 모든 문장, 모든 명제들이 언표가 될 수 있다. 단 시간적 공간적 선후의 맥락 속에 있을 때만 이것들은 언표가 된다. 예컨대 컴퓨터 키보드의 문자 배열은 아무런 의미가 없는 알파벳의 나열일 뿐이다. 그러나 컴퓨터 매뉴얼(입문서)에 타자 연습용으로 인쇄된 문자판의 알파벳들은 언표이다. 그것은 매뉴얼(입문서) 편집자가 초보자의 학습을 위해 제시한 도판이므로.

그러니까 언표적 기능은 고립적인 문장, 고립적인 명제로서는 작동될 수 없다. 공간적으로는 앞 뒤, 시간적으로는 과거와 미래의 영역이 나란히 함께 하지 않고는 하나의 문장, 하나의 명제는 결코 언표로 전환되지 않는다. 언표의 네트워크 속에 있을 때만 언표는 언표가 될 수 있다. 다른 언표를 전제로 하지 않는 언표, 다른 언표들과 공존하지 않는 언표, 후속의 효과가 없는 언표는 존재하지 않는다.

결국 단어, 문장, 명제들의 외관을 띤 언표는 그것들 속에 숨겨져 있다고까지는 할 수 없지만, 그렇다고 겉에 분명히 드러나 쉽게 읽히는 것도 아니다. 단어와 문장과 명제들을 절개하여 각 층위에 걸 맞는 언표를 끄집어내야만 한다. 그것이 푸코의 고고학적 방법이다.

가시성도 마찬가지다. '눈에 보인다'라는 상식적인 차원에서 사물과 대상 안에 그것이 그냥 들어있다고 생각하면 큰 오산이다. 언어에서 언표를 끄집어내듯 사물과 시각으로부터 역시 가시성을 추출해내어야 한다. 언어가 단어, 문장, 명제들을 포함하고 있으나 언표는 포함하고 있지 않듯이 빛도 역시 대상을 포함하고 있으나 가시성은 포함하고 있지 않기 때문이다.

푸코에 의하면 앎(혹은 인식)은 가시적인 것과 언표적인 것의 조합이며 교직(交織)이다. 그러나 그는 분명 언표가 가시성보다 우위에 있다고 생각한다. Seeing is believing이라거나 백문(百聞)이 불여일견(不如一見)이라는 격언이 말해주듯 동서고금을 통해 지식은 보는 행위에서 얻어진다고 믿어졌다. 그러나 해외여행을 떠나기 전에 열심히 목적지의 역사를 공부하는 사람들에게서 우리는 시각에 대한 언어의 우위성을 실감할 수 있다. 사람들은 시각을 통해 지식을 얻는 것이 아니라 미리 획득한 지식을 확인하기 위해 가서 보는 것 같다. 그러고 보면 우리의 시선은 근본적으로 감각적 경험이 아니라 일종의 인식의 기능인 것 같다.

화가나 영화감독은 자기 그림이나 영화가 '말하고자 하는 것'을 열심히 관객들에게 설명한다. '말하고자 하는 것'이라는 표현이 이미 말의 우위성, 언어의 우위성을 증명해주지 않는가. 그것은 모든 예술적 생산품을 담론의 권위에 종속시키는 것이다. 마치 칸트에게서 지성이 감성을 규정하듯, 푸코에게서는 언어가 가시성을 규정한다. 오성의 자발성과 직관의 수동성이라는 칸트의 개념처럼 푸코에게서도 시각에 대한 언어의 우위성은 언어의 자발성과 빛의 수동성에 기인한다.

그러나 언표가 가시성에 우선한다고 해서 가시성이 언표로 환원되지는 않는다. 언표의 대상인 말은 시각적 대상과 동일하지 않기 때문이다. 블랑쇼가 말했듯이 '말하는 것은 보는 것이 아니다'. 이것을 가장 설득력 있게 보여주는 예가 마그리트의 그림 「이것은 파이프가 아니다」이다. 파이프 그림 밑에 화가가 써 놓은 이 역설적 제목이 말해주듯 그림 속의 파이프와 그것을 명명한 텍스트는 서로 만날 공간이 없다. 그 둘 사이의 관계는 '비-관계(non-rapport)'이다. 그러나 비관계도 역시 관계이다.

우리가 사물과 말들에만 집착해 있을 때 우리는 우리가 본 것을 말하고, 말하는 것을 본다고 생각하며, 그 둘이 서로 연결되어 있다고 믿는다. 이것이 일상적 경험의 수준이다. 그러나 우리가 보는 것은 결코 우리가 말하는 것 안에 들어 있지 않으며, 반대로 우리가 말하는 것도 우리가 보는 것 안에 들어 있지 않다.

극단으로 밀고 가면 그것들은 각기 서로 구분되는 고유의 한계에 도달하여 가시적 요소는 오로지 보이기만 하고, 언표적 요소는 오로지 말해지기만 한다. 소위 들뢰즈가 말했듯이 '장님의 언어, 벙어리의 시각(blind word and a mute vision)'이다. 그래서 그림은 파이프를 그렸는데 제목은 완강하게 「이것은 파이프가 아니다」라고 말하는 것이다. 그러나 각자를 분리시키는 고유한 한계가 바로 그들을 연결시켜주는 공통의 한계이다. 서로 속성이 확연히 분리되어 있으면서 각각의 속성이 중립적인 일자(一者)와 관계를 맺고 있는 스피노자의 사유

마그리트, 「이것은 파이프가 아니다」 1929년
Los Angeles County Museum of Art

와 연장(延長, extension)과의 관계처럼 푸코의 언표와 가시성도 한계라는 중립적 일자와 관계를 맺고 있다. 결국 말하기와 보기 사이, 또는 가시적인 것과 언표적인 것 사이의 비-관계는 이접(離接, disjonction)의 관계였던 것이다.

이접은 그레마스의 기호 사각형에 나오는 개념이다. 예컨대 '부유한'이라는 형용사는 '가난한'이라는 말과 반대말이고, '가난하지 않은'이라는 말과는 비슷하다. 한편 '가난한'이라는 형용사는 '부유한'과 반대이고, '부유하지 않은'과 비슷하다. 따라서 '부유한', '가난한', '부유하지 않은', '가난하지 않은'이라는 네 항의 사각형에서 '부유한'과 '가난하지 않은'은 서로 내포 혹은 유사(類似, similitude)의 관계이다. '가난한'과 '부유하지 않은'도 마찬가지이다. 그러나 '부유한'과 '부유하지 않은', 또는 '가난한'과 '가난하지 않은'은 서로 배타, 혹은 상이(相異, dissimilitude)의 관계이다.

이때 유사는 연접(連接, conjonction)의 관계이고, 상이는 이접(離接, disjonction)의 관계이다. '부유한'과 '가난한'은 서로 정반대의 말이어서 연접이 될 수는 없지만, 둘 다 부(富)의 정도를 나타낸다는 점에서 한 단계 높은 차원에서는 서로 연결된다. 이것을 이접이라고 한다.

현대 예술이론의 틀이 된 푸코와 데리다의 담론들

말하기와 보기는 인간의 인식 형태에서 가장 중요한 두 요소이다.

이 둘을 합쳤다는 점에서 철학자의 그림 이야기는 흥미롭다. 푸코는 재현의 주체는 재현할 수 없다고 말했고, 데리다는 드로잉의 기원을 눈멂으로 규정했다. 얼핏 보기에 관련이 없어 보이는 이 두 명제는 그러나 가시성이라는 하나의 문제로 수렴된다. 내가 벨라스케스의 「시녀들」과 쉬베의 「디뷰타드 혹은 그림의 기원」을 살펴본 후 가시성의 문제를 집중적으로 들여다본 이유가 바로 거기에 있다.

벨라스케스의 그림은 '인간의 죽음'이라는 충격적인 용어로 20세기 후반의 철학계를 뒤흔들어 놓았던 푸코의 에피스테메 개념을 담고 있다. 재현의 에피스테메에서 부재했던 인간은 거울 속 왕의 이미지로 희미하게 모습을 나타냈다. 그것은 벌써 인간의 도래와 한 시대의 붕괴를 예고하는 것이었다. 화가는 자기도 모르는 사이에 고전주의의 몰락과 근대의 시작을 예감하고 있었다. 작품 「시녀들」의 뭔가 알 수 없는 불안정성이 거기에서 유래한다고 푸코는 말한다. 마치 헤겔이 렘브란트의 「야경(夜警)」에서 징후적 불안정성을 보았듯이 푸코도 벨라스케스의 그림에서 고전주의의 균열을 보고 있는 것이다.

근대의 문턱을 넘어 인간은 당당히 인식론의 장에 들어와 인식의 주체인 동시에 객체가 되었다. 그러니까 흔히 사람들이 알고 있듯 인간이 인식의 장 속에 있던 것은 "너 자신을 알라"고 말한 소크라테스 이후 수천 년간이 아니라, 19세기부터 현대까지 불과 2백 년밖에 안 된다. 이 신생의 개념인 인간이 지금 사라지려 하고 있다. 푸코는 그

징후를 더 이상 인간을 말하고 있지 않는 정신분석학, 민족학, 언어학에서 감지한다.

『말과 사물』에서 각기 르네상스와 근대의 에피스테메를 문제 삼기 위해 예로 든 세르반테스의 『돈키호테』나 사드의 『쥐스틴느』 같은 문학작품은 벨라스케스의 그림만큼 중요한 대접을 받지 못했다. 재현의 에피스테메를 발견하기 위해 푸코가 왜 문학작품이 아니라 회화를 굳이 선택했는지도 의문이다.

데리다는 미술을 집중적으로 다룬 책 『그림 속의 진실』을 쓰고, 미술전시회의 기획까지 했다. 이 모두가 현대에 이르러 시각 이미지의 중요성이 그만큼 커졌다는 반증일 것이다. 미술작품을 다루고 있지만 그들의 관심은 어쩌면 미술 그 자체에 있는 것이 아니다. 분석 대상인 그림들은 단지 철학적 사유를 보여주는 참조체계일 뿐이어서, 그 자체가 시각에 대한 언표의 우위성을 증명하고 있는 듯하다. 작품(ergon)을 보완하는 작품 외적인 것(hors-d'oeuvre)이라는 점에서 미술은 그들 철학을 보완하는 일종의 파레르곤(parergon)이 아닐까 생각되기도 한다.

파레르곤은 데리다가 『그림 속의 진실』에서 집중적으로 부각시킨 칸트의 미학 개념이다. 칸트는 현학적 그리스어에 의지함으로써 '작품 외'(外, hors-d'oeuvre)라는 의미의 이 단어에 개념적인 위엄을 부여했다. 파레르곤이란 에르곤(작품)의 밖에 있는, 에르곤과 분리되어 있는 부분이다. 작품의 중심적 주제가 아니라, 다만 작품에 덧붙여지고,

추가되고, 첨가되고, 보완된 2차적인 어떤 것이다. 작품(ergon)에 반대하여 작용하고, 작품에 비해 부수적이며, 이질적이다. 그러나 이것을 순수하게 작품의 밖이라고 할 수 없고, 그렇다고 작품의 안이라고 말할 수도 없다. 조각상 위에 걸쳐진 옷이 파레르곤이고, 그림의 가두리 장식 혹은 액자는 가장 전형적인 파레르곤이다.

데리다와 푸코의 그림 이야기는 많은 후속 이론으로 계승되며 영화와 문학을 해석하는 데 유용한 도구가 되고 있다. 데리다의 파레르곤이나 액자 이론 혹은 예술과 눈멂의 관계는 피터 그리너웨이의 영화 해석에 적용되고 있고, 푸코 이후 벨라스케스의 그림 「시녀들」은 많은 논자들의 논문 주제가 되고 있다*. 그가 벨라스케스의 그림 분석에서 강조한 재현의 재현이라는 개념은 하나의 예술 장르가 자신에게 질문을 던지고 반성한다는 자기반영성의 미학으로 현대 예술론의 중요한 개념이 되었다.

예컨대 『말과 사물』에서 푸코가 "언어와 존재 사이에는 어떤 관계가 있는가?"라고 질문한 후 "아무 말도 하지 않고, 그렇다고 침묵도 하지 않는 '문학'이라는 이름의 이 언어"라고 스스로 대답했을 때 그

---

* John R. Searle, 'Las Meninas and The paradoxes of pictorial representation', Critical Inquiry, vol.6 (1980, spring), Joel Snyder, Ted Cohen,' Reflection on Las Meninas : Paradox Lost', Critical Inquiry, vol.7(1981), Sveltana Alpers,' Interpretation without representation, or The viewing of Las Meninas', Representation, no.1(1983, February). Richard Wolin,' Modernism vs. Postmodernism', Telos, vol.62. (1984-1985, winter).

것은 언어가 더 이상 실체적 대상을 지시하지 않음을 뜻한다. 실체적 대상과 분리된 언어, 시니피에(기의, 記意) 없는 껍데기만의 시니피앙(기표, 記表)으로 전환된 언어는 문학에만 한정되지 않고 미술이나 영화 같은 가시성의 예술에도 그대로 적용될 수 있다. 그것은 자신의 창작 방식, 혹은 자신의 품질에 대한 보증을 오로지 자기 장르 안에서만 찾는 현대 예술의 자기반영성 이론이 되기 때문이다.

마티스, 「붉은색의 조화」 1908년
Oil on canvas, Hermitage Museum, St.Petersburg

2장_사르트르

앙리 마티스, 「노란색과 빨간색 배경의 두 소녀」 1947년
Barnes Foundation, Pennsylvania

1. 아날로공(analogon)
– 사르트르의 순수 예술적 미학개념

  사르트르가 참여문학을 목청 높이 외치던 『문학이란 무엇인가?』
에서 순수예술의 기초가 될 언어의 사물성을 논한 짧은 글을 발견한
것은 놀라움이었다. 이것은 일반 독자의 고정 관념과는 달리 사르트
르가 참여문학의 주창자만이 아닐지도 모른다는 의심을 주기에 충분
한 것이었다. 과연 그는 『상상적인 것』을 쓰던 젊은 시절에 문학 언
어의 절대적 힘에 대한 환상을 가지고 있었고, 문학이 우연이나 죽음
같은 인간 조건을 극복하여 인간 존재를 정당화해줄 수 있다는 믿음
을 갖고 있었다. 한 마디로 19세기의 '예술을 위한 예술'의 사조와 같
은 맥락의 구원으로서의 문학 개념이었다.

  그리고 참여문학의 교황으로 군림했던 장년기를 지나 말년의 70년
대에 장장 3천여 페이지에 달하는 플로베르 연구서 『집안의 백치』를
썼다. 플로베르는 바로 '예술을 위한 예술' 사조의 중심적 작가였으
므로 플로베르를 주제로 삼았다는 것 자체가 사르트르의 참여문학론
을 무색하게 만드는 것이었다. 플로베르는 젊은 시절의 사르트르에
게 문학적 이상이었으나 『문학이란 무엇인가?』에서는 추악한 부르

주아 작가로 격렬하게 비판되었다. 그렇다면 사르트르는 여러 우회의 길을 통해 자신이 『말들』에서 그토록 매도하던 청년기의 문학관으로 되돌아온 것이 아닌가?

『상상적인 것』과 『집안의 백치』에서 무수하게 발견되는 동일한 개념들은 그러한 가설을 밑받침하기에 충분하다. 아날로공도 그 중의 한 개념이다.

마티스의 빨간 양탄자

마티스의 그림 중에 「삶의 행복감」이라는 제목도 있지만, 정말 마티스의 그림들을 보고 있노라면 살아 있다는 것의 행복감이 느껴진다. 보라색이나 초록색 혹은 파란색도 아름답지만 빨간색을 주조로 한 실내의 그림들은 인간의 주거로서의 집이 주는 아늑함과 따뜻함을 그렇게 잘 형상화해 놓을 수가 없다.

빨간 티셔츠에 빨간 반바지 그리고 검정 양말을 신은 두 소년이 체스놀이를 하고 있는 실내의 양탄자는 아라베스크 무늬의 빨간색이다. 오른쪽에 검은 원피스의 여인이 서 있고 왼쪽에는 갈색 꽃무늬 원피스의 여인이 장의자에 앉아 있는데 그 장의자도 역시 빨간색 꽃무늬이다. (「화가의 가족」)

이번에는 검정 수직 줄무늬의 셔츠를 입은 두 소년이 체스놀이를 하고 있고, 노란색 원피스의 여인이 피아노를 치고 있다. 서랍장, 옷장, 피아노가 배치된 실내는 단란한 가정의 평화 그 자체이다. 피아노 뒤의 빨간색 화려한 꽃무늬 벽지와 방바닥의 빨간색 연속무늬 양탄자가 따뜻함을 더해 준다. (「피아니스트와 체스 놀이하는 사람들」)

「세비야의 정물」은 화려한 문양의 초록색 장의자와 갈색 탁자보가 씌워진 탁자만이 단순한 빨간색의 벽과 바닥을 배경으로 화면을 가득 채우고 있다.

그런가 하면 「노란색과 빨간색 배경의 두 소녀」에서는 각기 노란색과 연푸른색 옷을 입은 두 소녀가 빨간 벽돌 혹은 무늬 없는 빨간색 벽을 배경으로 탁자에 앉아 있다.

흰 모피 원피스를 입은 여인이 화면을 대각선으로 분할하며 쿠션에 누워 있는 「모피 옷을 입은 여인」에서도 실내의 양탄자는 온통 진홍색의 빨강이다.

그리고 내가 제일 좋아하는 그림 「빨간색의 하모니」. 초록과 블루의 환상적인 액자 그림 오른쪽으로 검은 옷을 입은 여인이 탁자의 한 모퉁이에 앉아 있는데, 테이블보와 벽지가 구분 없이 똑같은 빨간색 강렬한 아라베스크 무늬이다.

사르트르도 마티스의 빨강에 매료되었던 것일까? 『상상적인 것』에서 자신의 미학이론을 설명하기 위해 그는 마티스의 그림을 예로 든다. 제목은 말하지 않고 그저 '탁자 옆에 빨간색 양탄자가 있는 이 그림'이라고만 하였다. 양탄자의 포근한 빨강이 벽의 초록색과 대비되어 강렬한 콘트라스트를 이루고 있다고도 했다.

마티스는 아마도 빨간색의 감각적 가치를 높이기 위해 양탄자를 선택했을 것이다. 그가 예컨대 메마르고 윤기 나는 빨간 종이가 아니라 양탄자를 선택한 것은 양모의 촉각적 성질이 구성하는 관능적 부피 때문이었을 것이다. 사르트르가 예로 든 그림이 어떤 것이든 간에 마티스가 무수하게 그린 빨간 양탄자는 우리에게 감동을 준다.

그것은 미학적인 즐거움이다. 무엇이 그 양탄자의 그림들을 그토록 아름답게 만들어 주는가? 빨간색 자체가 아름다워서일까? 그러면 그와 똑같은 색깔의 빨강을 페인트 통 속에서 보았다고 하자. 그 빨강이 마티스의 그림에서와 같은 그런 감동을 우리에게 줄 것인가? 전혀 그렇지 않다. 여기서 우리는 양탄자의 빨간색이 결코 비슷한 명도와 채도를 갖춘 빨강의 순수한 색깔 그 자체가 아님을 알게 된다.

우리에게 감동을 주는 것은 마티스가 그린, 그 탁자 옆 양탄자의 빨강일 뿐이다. 그러나 마티스의 집에 놓여 있었을 그 현실 속 실제의 양탄자가 우리의 감동의 대상일까? 그것이 아님은 분명하다. 마티스가 실제의 어떤 양탄자를 보고 그렸다 하더라도 엄밀

마티스, 「붉은색의 조화」 1908년
Oil on canvas, Hermitage Museum, St.Petersburg

히 말해서 그림 속의 양탄자는 이 현실의 세계 어디에도 없다. 그것은 마티스의 양탄자라는, 미술사 속에 편입된 비현실의 물체일 뿐이다. 마티스의 양탄자는 비현실이다. 우리는 마티스의 빨간 양탄자를 비현실로 포착할 때만 진정 그것을 즐길 수 있다. 그런데 비현실이라는 말이 우리를 당혹하게 만든다. 화폭은 엄연히 우리가 눈으로 볼 수 있고 손으로 만질 수 있는 물질성이 아닌가? 그것은 너무나 실재적인 사물인 것이다.

사물로서의 예술작품의 이원성

하이데거도 그렇게 말했지만 예술작품은 작품이기 이전에 우선 다른 모든 일상적인 사물과 마찬가지로 하나의 사물이다.

샤를르 8세의 초상화나 마티스의 그림은 모두 우리의 감각으로 지각되는 감각적 물체이다. 그것이 물체라는 점에서 예술작품은 일반적인 사물들과 일차적으로는 똑같다. 호사스러운 거실에 걸린 유명 화가의 그림은 그 옆의 탁자나 소파들과 완전히 똑같은 구체적 사물이다. 그런데 우리는 화가의 그림에서는 엄청난 감동을 느끼고 그 외의 램프나 가구들에서는 그런 감동을 느끼지 않는다. 예술작품에는 일반 사물에 없는 무엇이 있음에 틀림없다.

플로렌스의 우피지 미술관에서 샤를르 8세(15세기 프랑스 왕)의 초상화를 보며 그것을 하나의 이미지로 포착하는 순간, 나는 단숨에 그 액자를 현실 세계의 일부로 보기를 그친다.

　미술관의 큐레이터는 실재하는 사물인 화폭의 그림에 조명을 조금 더 비추거나 혹은 조금 덜 비출 수 있다. 보관을 잘못해 채색이 벗겨질 수도, 그리고 최악의 경우에는 불에 탈 수도 있다. 하이데거의 용어로 말해 보자면 그것은 세계-내-존재이다. 그것의 객관적 성격은 시간-공간의 총체인 현실에 종속되어 있다.

　그러나 내가 샤를르 8세의 그림을 하나의 이미지로 파악할 때 그 대상에 대해 나는 아무런 수정도 할 수 없다. 인물의 한쪽 뺨에 조명을 더 주거나 덜 주는 일은 불가능하다. 그것은 15세기에 살았던 이름 없는 화가에 의해 영원히 결정되었다. 뺨의 밝기를 결정하는 것은 화가에 의해 비춰진 비현실의 햇빛 또는 비현실의 촛불일 뿐이다. 화가에 의해 영원히 결정된 그 이미지는 액자가 불에 탄다 해도 없어지지 않는다. 요컨대 상상의 대상은 현실의 손이 닿지 않는 곳에 있다.

　여기서 사르트르는 사물의 이원론을 편다. 예술작품의 사물적 성격을 규명하기 위해 고대 이래 사물의 정의를 재점검하고 순수 사물과 제품의 관계를 살펴보았던 하이데거가 사물의 밖을 감돌았다면 사르트르는 사물의 속으로 들어가 미세하게 그것을 두 겹으로 분리시킨다. 현실 속의 물체, 그러니까 우리 주변의 모든 일상적 물체는 모두 그냥 철두철미하게 겉과 속이 똑같은 하나의 사물(오브제)이다. 그런데 예술작품이라는 사물은 두 개의 물체가 한데 합쳐 두 겹을 이룬 사물이다.

CHARLES · 8 ·

장 부르디숑, 「샤를르 8세 초상화」
Oil on panel, 48.2 X 39.1cm, Musée de Condé, Chantilly

캔버스와 물감으로 되어 있다는 점에서 마티스의 그림 혹은 샤를르 8세의 초상화는 다른 모든 일반적 물체와 마찬가지로 우선 물체이다. 그러나 그 그림을 바라볼 때 나는 다른 일반의 사물을 볼 때와 같은 현실적인 태도만을 갖지는 않는다. 오히려 그림의 물질성을 넘어서서 그 뒤에 나타나는 어떤 상상의 세계를 감지한다. 그것은 내가 이때까지 한 번도 현실 속에서 본 적이 없고 앞으로도 보지 못할 비현실의 물체이다. 그것은 그림 안에 존재하는 것도 아니고, 그렇다고 이 세상 어디에도 존재하는 것이 아니다. 화폭 너머로 모습을 보이는 그 사물은 비–실재, 비현실의 물체이다. 내가 일반 사물이 아닌 예술작품에서 감동을 느끼는 것은 작품 안에 들어 있는 이 비–실재, 비현실의 물체 때문이었다.

이처럼 예술작품의 뒤 혹은 안에는 일반적인 사물과 달리 어떤 미학적인 물체(objet)가 들어 있다. 그러니까 표면의 물질적 오브제(objet matériel)와 내면의 상상의 오브제(objet imagé)가 정확히 두 겹을 이루며 한데 붙어 있는 것, 그것이 바로 예술작품이다. 예술작품의 물질성 뒤에 있는 그 상상의 오브제를 사르트르는 비현실적 오브제(objet irréel), 상상적 오브제(objet imaginaire) 혹은 미학적 오브제(objet esthétique)라고 부른다.

우리는 이 상상의 대상을 포착하기 위해서 그림의 실재성을 부정해야 한다. 다시 말해서 이 액자 속의 그림이 그저 한갓 나무와 캔버스와 물감이라는 사실을 부정해야 하는 것이다. 현실의 일부를 이루고 있는 이 그림의 물질적 실재성을 부정하면 당연히 그것과 연관을 이루고 있는 세계 전체가 무너진다. 그러므로 작품의 실재성에 대한 부정은 우리가 살고 있는 현실 전체를 부정하는 것이다. 현실의 부정, 그것은 다름 아닌 무(無) 혹은 비존재이다.

이처럼 하나의 사물 안에 물질적인 것과 상상적인 것, 또는 존재와 비존재가 혼합되어 있는 것, 이것이 다름 아닌 예술작품이다. 그러니까 대리석 덩어리가 물질적 사물이라면 그것으로 비존재를 형상화시킨 비너스 여신상은 미학적 사물이다. 비너스라는 여인은 과거나 현재에 한 번도 존재한 적이 없다. 그러나 실제의 한 조각가가 고심 끝에 작품 구상을 하고, 실제의 끌로 대리석을 정교하게 다듬고, 실제의 노력을 기울여 하나의 여인상을 만든다. 현실 속의 조각가가 현실 속의 돌로 사실상의 수고를 들여 만들어냈지만 그 결과 나온 것은 미(美)의 영원한 이상이라는 비현실의 어떤 사물(objet)이다.

한갓 야산의 돌덩이에 불과한 이 질료가 어떻게 이처럼 아름다운 예술품으로 변화할 수 있는가? 엄연한 현실의 구체적 물질이 어떻게 갑자기 상상의 세계, 즉 비현실의 세계로 들어갈 수 있는가? 그것은 이 세상에 존재하지 않는 어떤 것을 조각상이라는 구체적 사물로 형상화하는 방식을 통해서이다. 대리석 덩어리가 단순히 카라라 산의 돌로 남아 있지 않게 된 것은 예술가가 돌에게 비-존재를 형상화하는 기능을 주었기 때문이다.

아날로공

　그런데 작품의 물질성은 상상의 것과 아주 흡사하므로 사르트르는 이 물질성을 아날로공(anlalogon, 類似한 것)이라고 명명한다. 하나의 예술작품 안에서 물질적인 것과 상상적인 것, 즉 아날로공과 미학적 대상이 너무나 빈틈없이 정확하게 붙어 있기 때문에 사람들은 이원적인 분리를 눈치 채지 못하고 표면의 물질성을 미학적 대상으로 곧잘 오해한다. 그러나 물질적 오브제는 미학적 오브제를 드러내기 위한 유사물일 뿐이다. 미학적 오브제는 상상의 것이어서 눈에 보이지 않으므로 그것을 사람들이 볼 수 있도록 감각적 대상으로 옮겨 놓은 것이 바로 작품의 물질성이다.

　그러니까 사르트르에게 있어서 아날로공(유사물)은 예술작품, 아니 더 정확히 말해서 예술작품의 물질성과 동의어이다. 예술가는 자기 머릿속에 들어있는 어떤 감흥을 전달하고 싶어도 그것이 형체가 없는 것이기 때문에 그대로 사람들에게 전달할 수 없다. 그것을 다른 사람들에게 전달하려면 가시적 실재라는 수단을 빌릴 수밖에 없다. 화가가 자기 머릿속의 어떤 것을 형상화하기 위해 현실 속의 물체를 매개로 할 때 그것이 아날로공이다. 그러니까 그림의 현실적 물질성은 단지 상상의 세계에 존재하는 어떤 물체를 현실적으로 우리에게 드러내 보여주기 위한 유사물일 뿐이다. 우리가 그림 앞에서 감동할 때 우리는 아날로공의 물질성 너머에 있는 어떤 미학적 오브제를 바라보는 것이다.

　마티스의 빨간 양탄자가 현실의 어떤 양탄자를 모델로 그린 것이고, 또 실제로 그것과 닮았다 하더라도 우리가 그 실제 모델인 양탄자에 관심이 없는 이유가 바로 그 때문이다. 화가도 특정의 양탄자를 우리에게 보여주기 위해 그림을 그린 것이 아니라 자신의 머릿속에 있는 어떤 미학적 오브제를 사람들에게 전달하기 위해 양탄자의 모습을 빌린 것일 뿐이다. 마티스의 양탄자의 빨간색이 그렇게 아름답게 보였던 것은, 그것이 마티스가 창조해낸 어떤 비현실적 물체의 반영이기 때문이었다. 빨간 양탄자라는 액자 속의 물질성은 그저 아날로공에 지나지 않는 것이다.

　아날로공이 어떤 비현실의 대상을 반영해 주고 있다는 말은 얼핏 플라톤의 이데아 사상을 연상시킨다. 그러나 사르트르는 자신의 비현실 개념이 플라톤의 이데아와는 다르다고 말한다. 그것은 다른 세계 혹은 관념의 하늘 속에 존재하는 것이 아니라 현실의 밖, 존재의 밖에 위치해 있다. 다시 말하면 존재가 아예 없는 비실재(非實在)인 것이다.

　그러나 미학적 오브제가 존재하는 비현실의 세계와 우리의 일상생활이 영위되는 현실의 세계가 전혀 다른 별개의 두 세계가 아니라는 데에 사르트르 미학의 특이성이 있다. 그것을 바라보는 우리의 태도가 '상상적 태도'(attitude imageante)인가, 아니면 '현실적 태도'(attitude réalisante)인가에 따라 비현실의 세계가 나타나기도 하고 현실적 세계가 나타나기도 한다. 예컨대 캔버스에 칠해진 색깔, 선과 면의 분할만을 눈여겨보는 사람이 있다면 그는 전혀 미학적 감동을 느낄 수 없고, 그림이 갖고 있는 미학적 오브제를 발견할 수 없을 것이다. 그것이 화폭에 가려 숨겨진 것이 아니라 다만 그의 의식이 아직 상상의 준비가 안 된 현실의식이기 때문이다. 아날로공을 넘어서서, 이것이 비춰 보여주고 있는 비현실의 대상, 즉 미학적 대상을 파악하기 위해서는 보는 사람 쪽에서도 자신을 비현실화하는 태도의 변화가 있어야 한다. 이것이 '상상적 태도'이다.

현실의식과 상상의식

상상적 태도는 우리의 의식을 현실의식(conscience réalisante)에서 상상의식(conscience imageante)으로 전환해야만 가능해진다. 우리는 일상사의 걱정거리가 있을 때 아무리 좋은 영화나 그림을 보아도 별다른 감흥을 느끼지 못한다. 그것은 우리의 의식이 현실의 걱정거리에 압도되어 예술 감상에 필요한 상상의식으로의 전환이 이루어지지 않았기 때문이다. 또 반대로 감동적인 영화를 보고 나오면서 갑자기 맞닥뜨린 현실에 순간적으로 당혹감을 느끼는 때도 있다. 그것은 상상의식이 아직 현실의식으로 재빨리 변환되지 못했기 때문이다.

그렇다면 상상의식이란 무엇인가? 우선 우리가 무엇을 의식한다 함은 어떤 대상을 자기의식 앞에 놓는 행위이다. 다시 말하면 모든 의식은 대상을 가지고 있고, 모든 의식은 '무엇 무엇에 대한 의식'이다. 내 앞의 책상을 바라보며 나는 책상을 의식하고, 벽에 걸린 액자를 올려다보며 액자를 의식한다. 그것들이 모두 내 의식의 대상이다. 그런데 그 의식의 대상이 반드시 실재하는 물체만이 아닐 수도 있다. 나는 눈을 뜨고 있건 감고 있건 지금 실재하지 않는 과거의 일 혹은 미래의 일을 내 의식 앞에 대상으로 놓을 수 있다. 과거에 내가 체험했던 일을 의식의 앞에 놓는 것을 우리는 추억, 회상 또는 기억이라고 한다. 그것은 지금 존재하지는 않지만 과거에 존재했던 것이다. 그러나 미래의 어떤 일 또는 현재의 일이라 하더라도 내가 체험하지 않은 일, 예컨대 어제 헤어진 친구 J가 지금 L.A에서 무엇을 하고 있을까 하는 것을 의식 앞에 놓을 때 그것이 바로 상상이다.

다시 말하면 상상은 자기의식 앞에 허상을 놓는 행위이다. 이와 같은 상상의 행위는 실재의 세계 전체를 부정하는 거리 두기에 의해서만 가능하다. 현실에 거리를 두고, 그것을 넘어서고, 한마디로 그것을 부정해야 상상이 떠오른다. 액자 속의 그림이라는 물체가 현실에 속해 있다는 것을 부정해야 하고, 더 나아가 아예 현실을 부정해야 한다. 이 두 개의 부정은 상호보완적이고 하나가 다른 하나의 조건이 된다. 상상이 곧 현실의 부정이므로 이 특별한 자세는 나를 둘러싸고 있는 내 주변의 세계를 붕괴시킨다. 공상 속에 잠길 때 나는 내 주위의 실체적 세계에는 눈 감고 있으므로 그 실재의 세계는 허물어져 없어진다. 현실이 무화(無化)되었다. 현실의 무화가 비현실이고, 상상이

넷플릭스 시리즈 「오징어 게임」 포스터
넷플릭스 오리지널 시리즈, 2021년 9월 17일 공개

다. 현실을 무화했다는 것은 반어적으로 현실이 출발점이라는 이야기다. 그렇다면 상상의 토대는 다름 아닌 현실이다.

상상의 토대로서의 현실

우리가 머릿속에서 제아무리 기발한 공상을 한다 해도 그 공상의 상(像)을 제공하는 것은 우리가 언제 어디선가 본 현실의 물체이거나 그 물체들의 합성이다. 따라서 상상이란 현실과 무관하게 하늘에서 뚝 떨어진 어떤 기이한 물체가 아니라 현실 속에 존재하는 사물의 반영이다. 이처럼 상상은 현실에 뿌리를 두고 있고, 현실에서 나온 것이다. 그런데 상상은 자신의 토대인 현실을 무화(無化) 또는 부정할 때에만 가능하다. 현실을 현실 그대로 본다는 것은 현실의식이지 상상의식이 아니다. 따라서 상상의식은 현실을 무화하고 부정하는 행위이다. 그러므로 현실은 비현실의 토대이다. 다만 무화되고 부정된 토대이다.

현실을 토대로 했으나 그것을 무화시키고 부정하는 상상의 세계, 그것이 다름 아닌 예술의 세계이다. 모든 그림, 모든 소설, 모든 영화는 현실에서 출발하여 현실을 그리고 있지만 그것이 그리고 있는 것은 현실 속의 어디가 아니라 이 세상에는 없는 상상의 세계이다. 드라마 「오징어 게임」에서 죽음의 게임이 진행되고 있는 섬은 현실 어디에도 없는 섬이다. 그런데도 마치 현실에 있는 것처럼 매우 사실적이다. 그 상상의 세계는 그러니까 현실의 부정 혹은 무화이다. 그런 의미에서 현실이란 상상의 세계로 들어가기 위한 하나의 도약판이라고 한 플로베르의 말은 아주 적절한 표현이다. 플로베르는 자신의 상상의 세계 즉 비현실의 세계와 자기가 뿌리박고 있는 현실의 세계가 완전히 동일하다고 확인하였다.

그러나 마치 넓이뛰기 하는 육상선수처럼 그 현실을 발판으로 삼아 그것을 부정하고 무화시켜 상상의 세계로 껑충 뛰어들 때 예술의 세계가 열린다고 생각했다. 그리하여 한 시골의사의 아내가 바람을 피우다가 음독자살한다는 진부하고 값싼 현실의 이야기를 도약대로 삼아 『보바리 부인』이라는 상상의 세계를 보석세공처럼 아름답게 또 레이스처럼 섬세하게 형상화시켰던 것이다.

마티스도 현실 속의 빨간 양탄자에서 출발하여, 이것을 도약대로 삼아 우리를 상상의 세계로 인도하였다. 그리고 우리는 그 상상의 세계 속에서 단순히 빨간 양탄자가 아닌 어떤 미학적 오브제를 발견하고 거기에 감동하는 것이다. 빨간 양탄자는 상상 속으로 들어가기 위한 구실이고 도약대일 뿐이다. 이것은 다시 말해서 상상과 현실을 잇는 매개적 유사물, 즉 아날로공이다.

미의 실체는 무(無)

그러면 우리가 아날로공을 통해 당도하는 미학적 오브제는 도대체 무엇일까? 무엇이 아름다움인가? 플로베르는 사람들을 상상 속으로 인도하는 것이 예술의 기능이라고 말했으며, 사르트르는 『집안의 백치』를 통해 이 미학 이론을 전폭적으로 지지하는 입장을 보여주었다. 그런데 상상이란 무엇일까? 상상은 세계의 무화를 그 기본구조 속에 가지고 있다. 현실이 아니고 비현실인 상상은 실재하는 다른 모든 사물에 비해볼 때 '없음'이므로 무(無)의 성질을 띠고 있다. 그렇다면 미의 실체는 비현실 또는 무이다. 사르트르는 『상상적인 것』 또는 『집안의 백치』를 통해 아름다움은 곧 비현실적인 것이라는 이야기를 수없이 반복하고 있다.

예컨대 사르트르에게 있어서 베토벤의 제7교향곡은 그것이 연주되었던 1938년 11월 17일 파리의 샤틀레 홀 안에 한정되어 있지 않다. 장소가 어디이건 제7교향곡을 들을 때마다 그는 교향악 그 자체의 사물성과 대면한다. 어떤 청중은 눈을 감고 음악을 듣는다. 그것은 오케스트라 단원들의 연주라는 시각적 이벤트와 특정의 날짜라는 시간적 이벤트에 그들이 무관심하다는 증거이다. 지휘자의 뒷모습을 응시하는 사람들도 지휘자의 지휘 스타일에만 주목하는 것은 아니다. 그들은 음악 그 자체 속에 빠져 있다. 비록 불이 나서 연주가 중단된다 해도 제7교향곡은 엄연히 존재한다.

그러니까 교향곡은 홀 안에 있지 않고, 어떤 특정의 시간 혹은 장소에 있지 않다. 그것은 자기 고유의 시간을 가지고 완전히 현실에서 벗어나 있는 영원한 다른 곳에 있고, 영원한 부재이다. 한 마디로 그것은 실재가 아니다. 그런데 제7교향곡을 아름답게 만들어주는 것은 바로 그 비현실성이다. 현실은 결코 아름답지 않고, 미는 상상적인 것에만 적용되는 가치라고 사르트르는 말한다.

결국 우리가 예술작품을 보고 아름다움을 느끼는 것은 그것이 무(無)를 표상하고 있기 때문이다. 우리는 가끔 그림으로 그려진 물체가 현실의 모습이었을 때는 별 감흥이 없다가 일단 화폭에 옮겨지면 왜 미적 감흥을 주는지 궁금할 때가 있다. 하찮은 주전자, 전등갓, 탁자 같은 것도 화가가 캔버스에 그려 놓으면 실제 그 물건들에서 느낄 수 없었던 아름다움이 느껴진다. 왜 그럴까? 현실 속의 주전자나 전등갓은 실재이고 현실이지만 그림 속의 그것들은 실재가 아니고 비현실이기 때문이다. 현실은 아름답지 않은데 일단 그것을 무화시켜 비-존재, 무(無)로 만들어 놓으면 거기에서 미가 발생한다. 초록빛 잔디밭 속에 민들레나 제비꽃이 드문드문 피어 있는 봄 경치를 보고 '이것을 그림으로 그리면 참 아름다울 텐데'라고 말하는 사람이 있다면 그는 사르트르적 미학을 알지 못한 채 그의 예술 이론을 증명해주고 있는 것이다.

존재론으로 환원시킬 수 없는 미의 이론

예술작품의 아름다움을 무(無)와 연관시킨 사르트르의 미학이론은 그 자체로도 아름답다. 사르트르가 현실은 결코 아름답지 않고, 비현실의 것, 부재의 것, 없는 것만이 아름답다고 말했을 때, 예술작품 속에 내포된 미학적 대상은 비현실, 상상, 부재, 비존재로 규정된다. 이 모든 단어는 결국 무(無)로 귀결된다. 있는 그대로의 현실을 무화하여 존재하지 않는 것으로 지양할 때 비로소 무가 발생한다. 무란 존재하지 않음, 즉 비존재인데, 한편으로 사르트르는 거기에 어떤 존재론적 존재를 부여한다. 무는 '없음'이라는 의미임에도, 사르트르는 예술작품 안에 '없음'이 들어 있기 때문에 그것이 아름답다고 말한다.

'없음'이 어떻게 작품 안에 '있을' 수 있는가? 도대체 무란 무엇인가? 우리는 『존재와 무』에서 그것을 유추할 수 있다. 사르트르에게 있어서 존재는 물질적 즉자 존재이고, 무는 대자 존재, 즉 우리의 의식이나 정신이다. 이는 존재를 물질과 정신으로 나눈 데카르트의 이원론과 유사하다. 즉 데카르트에게서 물질과 정신인 것이 사르트르에게서는 존재와 무인 셈이다. 다시 말해 존재(être)는 가시적이고 구체적인 물체이며, 무(néant)는 물질성이 없는 관념적인 것이다. 결국 예술작품은 그 속에 존재와 무를 포함하고 있는, 즉자이면서 동시에 대자인 물체라 할 수 있다. 예술작품에서의 존재는 그 가시적 물질성이고, 무는 그 속에 내재하는 관념성이라 할 것이다.

그러나 이러한 존재론적 설명을 글자 그대로 사르트르의 예술이론에 적용하기에는 다소 주저되는 점이 있다. 예술작품이 물질과 정신의 결합이라는 개념으로 귀결되기 쉬우며, 결국 '예술작품은 이념의 감각적인 가상화(假象化)'라는 헤겔의 명제에 닿기 때문이다. 이 때문에 사르트르의 아름다운 비현실의 미학이 개념의 형해(形骸) 속에서 연기처럼 사라질 위험이 있다. 물론 사르트르 자신도 '무', '침묵' 등의 막연한 개념을 반복할 뿐, '무는 곧 관념이다'라고 단언하지는 않았다.

　예술작품의 물질성을 매개로 예술가와 감상자가 똑같은 미학적 오브제를 공유한다는 아날로공의 이론도 작품의 다양한 해석을 주장하는 포스트모던 미학에 비해 섬세하지 못하고 성급해 보인다. 비록 1930년대에 쓴 저서이기는 하지만 『상상적인 것』의 큐비즘 비판에서도 어쩔 수 없이 구시대 사람의 한계가 느껴진다. 그는 회화란 현실을 재현하거나 모방해서는 안 되고 그것 자체로 하나의 오브제가 되어야 한다고 선언한 큐비즘의 미학적 프로그램을 지지하면서도 그러나 그것이 그림에서 모든 의미를 제거해야 된다는 것이라면 큰 오류라고 말하였다. 일체의 재현에서 단절된 현대 예술작품의 자율성을 이해하기에는 그의 아날로공 이론은 너무나 편협해 보인다.

　하지만 "예술작품은 왜 아름다운가? 그 속에 아무것도 없기 때문이다"라는 그의 예술론은 여전히 아름답다. "끝에 무언가 있는 줄 알고 평생을 추구했지만 그러나 당도해 보니 거기에는 아무것도 없었다"라는 우리 인생의 은유처럼 그것은 매혹적이다. 그 '없음'이 존재의 또 다른 양태라느니, 물질에 대비되는 관념이라느니 하며 너무 깊이 들어가지 않을 일이다. 깊이 들어가 보면 역시 아무것도 없기 때문이다. 아무래도 미(美)는 예술작품에서만이 아니라 메타담론에서도 드러내지 않을 때에만 보존되는 것인가 보다. 아니면 너무 앞으로 나아가지 않고 중간에서 단칼에 베는 순수 커트일 때만 아름다운 것인가 보다.

2. 언어의 실패, 시의 승리

– 사르트르 미학의 기본 개념으로서 언어의 사물성과 도구성

『문학이란 무엇인가?』는 1940~1950년대에 사르트르를 일약 전 세계 최고의 지성으로 올려놓은 참여문학론의 이론서이다. 이 책의 제1장 「쓴다는 것은 무엇인가?」에서 사르트르는 참여문학에서 산문의 중요성을 역설하기 위해 우선 언어의 성질을 고찰하고 있다. 예술의 현실참여는 문학에 국한된 것이며, 그 중에서도 특히 산문에 한정된 것임을 밝히고, 따라서 운문으로 되어 있는 시는 차라리 음악이나 미술에 가까워 참여문학의 범주에 넣을 수 없다고 하였다. 이 글은 참여문학의 성전과도 같았던 이 책의 짧은 도입부에 불과하지만 예술에 대한 본질적인 성찰을 보여준다는 점에서 아주 중요한 텍스트이며, 미학적으로 그의 초기 저서 『상상적인 것』과 말년의 저서 『집안의 백치』를 연결해 주는 징검다리와도 같다. 참여문학론이 빛을 잃은 지 오래여서 더 이상 문학의 현실참여를 말하는 사람은 없지만 언어의 아름다움 자체를 말하는 이 글은 오랜 생명력을 가질 듯하다.

사물과 도구

『상상적인 것』에서 사르트르는 물질적 대상 안에 숨겨진 미학적 대상을 설명하기 위해 베토벤의 제7교향곡을 예로 들며 "그것은 하나의 사물이다."라고 말하였다. "다시 말해 내 앞에 있는, 저항하는, 지속하는 어떤 것이다."라고 그는 덧붙였다. 여기서 '내 앞에 있는' '저항하는' '지속하는'이라는 묘사들은 모두 감각의 대상으로 촉각에 저항하며 시간적 지속성을 갖고 있는 사물의 성질들이다. 소리에 불과한 음악을 그는 딱딱한 물체인 '사물'로 명명하고 있다. 더구나 '이 사물은 실재인가, 비실재인가?'라는 물음으로 이어진다. 딱딱한 물체인 사물에 대해 '비실재인가'라고 묻는 것 자체가 이상하지 않은가? 비감각적이면서 동시에 사물성을 가진 어떤 것이 있음에 틀림없다. 이 의문에 대한 답을 사르트르는 『문학이란 무엇인가?』의 제1장에서 하고 있다.

『상상적인 것』에서 '저항하는'이라는 표현이 『문학이란 무엇인가?』에서는 '불투명성'으로 바뀌었을 뿐이다. 사물은 불투명하다. 그것은 감각적인 실체를 갖고 있다는 뜻이다. 아무것도 없는 공간으로는 빛이 또는 우리의 시선이 그냥 투명하게 통과하지만 뭔가 물건이 놓여 있으면 빛도 우리의 시선도 거기에 탁 부딪쳐 멈춰선다. 그것은 우리의 시선에 저항한다. 그래서 사물은 불투명하다. 그런데 하이데거에게서, 그리고 사르트르에게서 사물은 도구와 대립되는 존재양식이다. 그렇다면 도구는 투명함일 것이다. 도구는 투명하고 사물은 불투명하다. 이 수수께끼 같은 말은 도대체 무엇을 뜻하는 것일까?

무엇이 사물이고, 무엇이 도구인가? 하이데거는 사물의 성질을 '눈에 띈다'라는 말로 표현했다. 우리가 무엇인가를 하기 위해 사용하는 도구는, 그것이 다른 어떤 목표에 도달하기 위한 수단이므로 평상시에는 전혀 우리의 눈길을 끌지 못한다. 가령 취사용의 인덕션이나 진공청소기를 사용할 때 우리는 전혀 그것들에 관심을 갖지 않는다. 음식을 조리하기 위해 기계적으로 인덕션의 버튼을 누르고, 청소를 하기 위해 습관적으로 청소기를 작동시켰을 뿐이다. 그러나 일단 그것들이 고장이 났을 때 우리의 시선은 드디어 그 기계 자체에 머무른다. 청소기를 오래 써서 많이 낡았고 여기저기 긁히고 때가 끼어 더럽다는 것도 처음으로 '눈에 띈다'. 작동이 잘 되었을 때 그 기계는 마치 투명한 물체인 양 전혀 우리 눈에 띄지 않았었다. 이제까지 눈에 띄지 않던 그 물체가 갑자기 집안의 한 구석을 차지하고 있는 게 거추장스럽고, 빨리 치워 버려야 속 시원할 것 같고, 나의 시선에, 또는 집안의 질서에 방해가 됨을 깨닫는다. 그것은 나의 시선을 통과시키는 투명성이 아니라 내 시선이 거기에 가 부딪치는 불투명성이다.

다시 말해서, 고장난 기계는 사물이 되었다. 이제 사물과 도구의 성질이 확연히 드러난다. 모든 도구는 '무엇을 위하여'(wozu)라는 성질을 갖고 있다. 구두는 사람의 발을 보호하기 '위하여' 있고, 청소기는 청소를 하기 '위하여' 있다. '무엇을 위하여'라는 용도성이 있느냐 없느냐에 따라 도구적 존재와 사물적 존재가 구별된다. 그런데 이처럼 '무엇을 위하여'를 갖고 있는 도구적 존재가 도구성을 상실할 때, 그때 비로소 거기에 가려져 있던 사물적 존재성이 나타난다. 그것이 아무짝에도 쓸데없다는 사실이 갑자기 그것의 존재를 새삼 눈에 띄게 하고, 거추장스럽게 느끼게 한다. 이것을 하이데거는 '눈에 띔', '강제성', '저항성'이라고 말했다.

고장난 도구는 갑자기 눈에 띄고, 우리에게 빨리 무슨 행동을 취하라고 강요한다. 그것은 우리의 시선이나 관심을 통과시키는 게 아니라 그것에 완강히 저항한다. 이것이 사물의 불투명성이다. 그렇다면 반대로 도구적 존재성은 '눈에 안 띔, 재촉하지 않음, 방해되지 않음'이라고 할 수 있다. 즉, 그것은 투명하다. '무엇을 위하여' 존재하는 도구가 사용 불가능해졌을 때 우리는 비로소 그 대상을 그것 자체로서 바라본다. 도구가 전혀 지장 없이 기능을 하고 있었을 때 그것은 자신의 존재를 두드러지게 나타내 보이지 않는다.

그런데 어떤 대상을 그것 자체로서 바라본다는 것은 그것을 인식한다는 이야기이다. 대상을 가만히 바라보고 있을 때 우리는 그 대상의 형태나 상태 등을 알게 되고 그것의 성질을 파악하게 된다. 따라서 우리가 어떤 것을 도구로 사용한다는 것과 그것을 주시하며 인식한다는 것은 정반대의 행동이다. 하이데거의 말을 인용하자면 "인식함은 어떤 것을 다루며 사용하는 양상의 결여태이다." 반대로 도구가, 그 도구적 존재양식을 드러내는 것은 우리가 그것을 도구로 사용하는 행위 속에서이다. 망치를 손에 들고 사용할 때 그것은 우리가 단순히 그 형태와 성질을 멀거니 바라보기만 하는 인식의 대상이 아니다. 그것을 손에 잡고 활기차게 사용하면 할수록 우리는 더욱더 그것의 도구적 존재성과 만나게 된다.

이러저런 사물의 외양을 아무리 날카로운 시선으로 바라본다 해도 그저 바라보는 것만으로는 도구성을 발견할 수 없다. 하이데거가 말했듯이 농부의 아내가 일하는 동안 구두를 전혀 내려다보지 않고, 그것을 의식하지 않을수록 구두는 더욱더 충실하게 제 본래의 모습이 된다. 그러나 망치의 독특한 유용성을 알려면 직접 망치질을 해야 한다. 따라서 우리가 어떤 대상을 사물로서 본다는 것은 그것을 인식한다는 의미이며, 도구로서 본다는 것은 그것을 사용한다는 의미이다.

그렇다면 이 세상에는 사물과 도구가 따로 정해져 있는가? 아니면 둘 중의 하나가 다른 하나에 선행해 있는가? 우선 도구란 무엇인가? 만년필로 글을 쓰고 있는 사람을 생각해 보자. 이때 만년필은 글을 쓰기 위한 도구이다. 벽에 못을 치는 행위를 생각해보면 망치는 못을 치기 위한 연장이다. 이처럼 도구는 우리가 무언가를 하기 위해 사용하는 용도성을 가지고 있다. 다시 말하면 어떤 목적을 위한 수단이다.

그런데 도구는 결코 어느 하나만 고립적으로 존재하지 않는다. 도구는 본질적으로 무언가를 하기 위한 수단으로서의 사물인데, 수단이라는 성질의 구조 속에는 이미 어떤 사물에 대한 지시(指示, 참조, renvoyer)가 숨겨져 있다. 어떤 수단의 목표가 또 다른 목표의 수단이 며, 그것은 또 다른 목표를 지시하고 있는 이 연속적인 무수한 목표 와 수단의 고리들이 연결되어 도구연관성의 거대한 세계를 이룬다.

예를 들어 책꽂이는 책을 꽂기 위한 수단이다. 이때 책꽂이의 목 적은 책이다. 그러나 한편, 책은 방 주인의 독서를 위해 놓여 있으므 로 그것은 독서행위라는 목적의 수단이다. 다시 말해서 그것을 지시 한다. 그러나 또, 독서는 방 주인이 어떤 학문적인 연구를 하기 위한 수단일 뿐이다. 그러면 이번에는, 그의 학문적인 연구는 최종 목표인 가? 그것은 또 어느 연구소의 연구를 위한다든가, 또는 그의 생계비 의 소득원이라든가 하는 다른 목표의 수단인 것이다. 이처럼 우리는 '도구 복합체의 영원한 지시성(指示性)'(renvoi infini des complexes d'ustensilité) 에서 벗어날 수 없다. 따라서 이 세계의 모든 사물이 도구라는 결론 이 나온다. 사물들 사이의 근본적인 관계, 그것은 도구적 관계이다.

그렇다면 사물과 도구는 어떤 것이 먼저인가? 먼저 사물이다가 나 중에 도구가 되는가, 아니면 먼저 도구이던 것이 나중에 사물로 드 러나는가? 하이데거가 먼저, 그리고 사르트르도 나중에 이것을 강 하게 부정했다. 사물은 언제나 동시에 도구인 것이다. 그러니까 『존 재와 무』에 나오는 '사물-도구'(chose-ustensile)라는 합성어는, 『문학이 란 무엇인가?』에 나오는 그와 비슷한 다른 합성어들 예컨대 사물로 서의 말들 또는 물체로서의 문장(mots-choses, phrase-objet)과는 전혀 다르게 해석해야 한다. 여기서는 사물이 된 도구가 아니고, 사물과 도구가 서로 등가적인 관계이다. 모든 사물은, 그리고 모든 도구는, 사물이면서 동시에 도구이다. 땅 위의 돌멩이를 집어 벽에 못을 쳤다면 이때 돌멩이는 훌륭한 연장이 된 것이다.

예술적 질료의 사물성

여기 탐스러운 흰 장미꽃 다발이 하나 있다고 생각해 보자. 그 장미를 보고 한 사람이 "이 장미의 꽃말은 '순결'이야. 그래서 나는 이 꽃을 좋아해"라고 말했다고 치자. 그때 이 사람은 이 장미를 장미로서 보기를 그친 것이다. 그의 시선은 장미를 통과하여 그 뒤에 있는, '순결함'이라는 추상적 덕성을 향하고 있다. 그는 흰 장미의 소담스러운 모습이나 은은한 향내에는 관심조차 없다. 마치 우리가 유리창을 통해 밖의 경치를 내다볼 때 우리의 시선은 유리를 통과하지만 그 유리에 아무런 관심도 없는 것과 똑같다. 이때 장미는 유리창과도 같은 투명성을 가지고 있으며, 그것은 '순결함'이라는 덕성에 도달하기 위한 수단일 뿐이다.

그러나 또 한 사람이 옆에서 이 장미의 꽃말에는 아랑곳없이 꽃 자체의 고운 자태와 향기에 감탄했다면, 이 사람에게 있어서 관심의 대상 즉 목적은 장미꽃일 뿐 그 외의 어떤 것도 아니다. 그에게 있어서 장미꽃은 그의 시선을 가로막는 불투명성이다. 그의 눈길은, 마치 단단한 돌부리에 발이 걸리듯 그렇게 그 장미꽃에 가서 탁 부딪친다. 그 장미꽃을 뚫고 지나가는 것이 아니라 그 앞에 멈춰 선다(il s'arrête). 이때 장미꽃은 그 어떤 것을 전달하기 위한 수단이 아니라 그 자체가 목적이다. 다시 말하면 장미는 사물이 된 것이다.

장미는 원래 사물이지 않은가, 라고 의아해 할 사람도 있을 것이다. 그렇다면 소리의 예를 들어보자. 커피나 홍차를 저은 후 찻숟가락을 찻잔 받침에 내려놓을 때 딸깍하는 소리가 들린다. 늘 무심히 지나쳐 버렸던 이 소리가 유난히 마음에 파고들며 뭔가 알 수 없는 잔잔한 감동을 준다. 나는 머릿속에서 아까 들었던 그 소리를 자꾸만 반추해 본다. 다시 말하면 나는 그 소리에 자꾸만 다시 돌아와, 그 소리의 성질 앞에 멈춰 서서(il s'arrête devant la qualité du son) 그 소리 자체에 매료된다. 평소에 투명했던 그 소리는 지금 불투명하게 되었고, 그것은 사물이 되었다.

이번에는 화폭에 그림을 그리는 화가를 생각해 보자. 추상화는 말할 것도 없고 구상화의 경우에도 화가가 초록, 빨강, 노랑 등의 색깔을 칠하는 것은 단순히 나뭇잎이 초록색이니까, 또는 꽃이 빨간색이니까 그런 것은 아니다. 마티스의 빨간 카페트는, 그가 그린 방의 카페트가 실제로 빨간색이어서만이 아니다. 만일 그가 현실 속의 어느 방을 그대로 딴 사람들에게 전달하기 위해 그 방의 모습을 있는 그대로 그렸다면, 화폭 위의 그 방은 현실의 어느 방을 지시하는 하나의 기호일 것이다. 그러나 화폭 위의 색깔은 전혀 그런 의도에서 선택된 것이 아니다. 화가는 그 색깔 자체에 매혹된 사람이다.

그는 자신을 매혹시킨 그 색깔을 내기 위해 고심하며 색 배합을 하고, 그것을 화폭에 옮긴다. 이때 색깔은 사물이 되었다. 무엇을 나타내기 위한 수단이 아니라 그 자체로서 존재하는, 그리고 사람들의 시선이 그 앞에 와서 머무르는 불투명의 사물이 된 것이다. '물체가 된 색깔(couleur-objet)'이라는 합성어의 의미가 바로 그것이다.

색깔만이 아니다. 형태의 경우도 마찬가지다. 화가는 날아가는 새, 접시 위의 물고기, 또는 다 쓰러져가는 오두막집을 화폭 위에 그릴 수 있다. 이때 그는 단순히 이 세상에 있는 어떤 새나 물고기 또는 집을 그대로 화폭에 옮겨 그리기 위해 그것들을 그린 것은 아니다. 모델로 삼은 새나 물고기 혹은 집이 실제로 있었을지 몰라도 그의 그림은 그대로 그것들을 형상화한 것은 아니다. 그 대상들을 그대로 옮겨 그린 것이라면 사진이 더 낫지 않겠는가? 이 말은 물론 이 그림들이 사실 속의 물건과 닮지 않았다는 의미가 아니다. 닮고 아니고의 문제가 아니다. 이 세상의 어떤 물건을 그림으로 나타내려는 것이 화가의 의도가 아니라는 이야기이다.

다시 말하면 화가가 종이 위에 선으로 그린 새나 물고기나 집은 새를, 물고기를, 또는 집을 지시하는 기호가 아니다. 만일 새를 지시하기 위해 새의 그림을 그렸다면 우리는 그 화폭 앞에서 화폭을 유리창처럼 통과하여 그 뒤에 있는 어떤 새의 모습을 연상하기만 하면 될

틴토레토, 「골고다 언덕을 오르는 예수」 1566~1567년
Oil on canvas, 515 X 390cm, Sala del l'Albergo, Venice

것이다. 그러나 우리의 시선은 화폭을 통과하지 않고 그 앞에 머물러 그 새의 순수한 형태와 색깔에 한없이 감탄하고 있는 것이다. 다시 말해서 그 새의 형태는 사물이 되었다. 화가는 자기 화폭에 기호를 그리는 것이 아니라 하나의 사물을 창조하기를 원한다.

물론 이렇게 창조된 '색깔-물체'가 화가의 은밀한 경향을 반영할 수는 있다. 그러나 그것들은, 우리의 말이나 표정이 우리의 분노나 고통, 또는 기쁨을 직접적으로 나타내 주듯이 그렇게 그의 감정을 그대로 전달하는 기호는 아니다. 골고다 언덕 위의 하늘을 노란색으로 칠한 틴토레토는 예수의 고뇌를 '의미'하기 위해, 또는 이 그림을 보는 사람들에게 고뇌를 야기하기 위해 이 색깔을 선택한 것은 아니다. 그가 어떤 고뇌를 느끼며 이 색깔을 칠했다 해도 이 노란색은 고뇌의 기호는 아니고 차라리 '사물로 굳어진 고뇌'일 뿐이다.

만일 화가가, 또는 음악가가 자신의 어떤 감정을 그대로 전달하기 위해 그림을 그리고 음악을 작곡했다면 이때 색과 소리는 완전히 언어와 똑같은 기능의 기호일 것이다. 그러나 그렇게 되면 그것은 이미 예술은 아니고 도로 표지판이나 광고 차원의 실용적인 기술(記述)일 것이다. 따라서 단순하게 말해본다면 예술가는 색깔이나 소리를 언어로 보지 않고 사물로 보는 사람이다. 그럼 언어 자체를 재료로 예술작품을 만든 시의 경우는 어떠한가? 우선 말라르메의 『해풍』 중 한 구절을 예로 들어보자.

도망치자, 저리로 도망치자, 새들이 취한 것 같다.

하지만 들어라, 내 마음이여 사공들의 노래 소리를.

Fuir, là-bas fuir, je sens que des oiseaux sont ivres.

Mais mon coeur, entends le chant des matelots.

여기서 둘째 연의 '하지만'(Mais)은 앞의 문장과 뒤의 문장을 연결해 주는 기능이 전혀 없다. 그저 마치 마을 입구에 우뚝 서 있는 거석처럼 문자의 앞에 버티고 서 있을 뿐이다. 말은 사물을 지시하는 대표적인 기호이지만, 시에서는 말조차 기호가 아닌 사물이 되고 있다. 이번에는 랭보의 『지옥의 한 계절』에서 한 구절을 더 보기로 하자.

오 계절! 오 성(城)들이여!

결점 없는 영혼이 어디 있는가?

O saisons! O châteaux!

Quelle âme est sans défaut?

이 시의 둘째 연은 의문형으로 되어 있으나, 이 질문을 한 사람은 누구이고, 또 질문을 받은 사람은 누구인가? 아무도 없다. 그렇다고 이 질문은 대답을 요구하지도 않는다. 차라리 이 질문 자체가 스스로의 대답인 듯하다.

다시 말하면, 이 질문은 절대적 질문이며, 사물이 된 질문이다. 독자는 이 질문을 넘어서서 어떤 의미에 도달하는 것이 아니라, 그저 단지 이 문장 앞에 멈춰 서서 그것을 소리 내어 읽을 때의 아름다운 울림과 그것이 주는 어떤 이미지를 즐기기만 하면 된다.

산문에서 말들은 어떤 내용을 전달하기 위한 수단, 다시 말해서 기호이지만, 시에서의 말들은 기호가 아니다. 그것은 하나의 사물이다. 그래서 사르트르는 '사물이 된 단어들(mot-chose)', '물체가 된 문장(phrase-objet)'이라고 썼던 것이다. 시 속에서 단어들은 마치 사물처럼 서로 끌어당기거나 밀치기도 하고, 혹은 서로 상대방을 무시하고 지나치기도 한다. 이처럼 사물이 된 단어들이 모여 이루어진 문장은 그 역시 '물체화한 문장'일 수밖에 없다.

언어의 도구성

우리의 상식과는 달리, 색깔이나 소리 같은 추상적인 것들도 사물성과 도구성을 동시에 갖고 있음을 알 수 있다. 그렇다면 언어는 무엇인가? 언어는 대자존재의 의식의 산물이므로 그 자체가 현존재일 수 있다. 그러나 언어는 일차적으로 기호이다. 기호는 도구이며, 그 도구의 성격은 표시성에 있다. 도로 표지, 경계석, 항해용 폭풍우 표지, 신호, 깃발, 상장(喪章) 등 모두 기호에 해당한다. 행사장에 표시된 화살표는 사람들을 그리로 안내하기 위한 표시이다. 그 화살표는 방향을 가리키기 위해서만 존재할 뿐, 그 자체는 아무것도 아니다. 언어학적으로 말하면, 그것은 어떤 대상을 지시(指示, 영:refer, 불:renvoyer)

하고 있다. 언어학에서 '지시'란 단어, 문장 등의 언어 표현이 현실 세계의 어떤 대상이나 개념을 가리키는 관계를 의미한다. 즉 '책'이라는 단어는 실제 물건인 '책'을 가리키는데, 이 때 '책'은 책을 지시한다고 말할 수 있다.

우리의 언어도 무엇인가를 지시한다. '책상'이라는 말은 그것이 음성으로 발화되었건, 종이 위에 글로 쓰였건 간에 책상을 지시하기 위한 기호이지, 그 자체로 무슨 물건은 아니다. 우리는 매번 무거운 책상을 대화 상대 앞에 들고 나오지 않기 위해 '책상'이라는 말을 만들어 편리하게 사용하고 있다. 바로 위에서 우리는 '무엇을 지시하기 위하여' 또는 그것을 '편리하게 사용'한다는 표현을 썼다. '위하여', 또는 '편리하게 사용'은 무엇을 상기시키는가? 바로 도구성이다. 하이데거에 따르면 기호는 '가리킴의 목적'을 가진 도구이며, 기호의 존재론적 근원은 지시성(指示性)에 있다.

그런데 언어는 과연 기호인가? 만일 그렇다면, 기호로서의 언어는 도구인가 아니면 현존재인가? 사르트르는 하이데거가 사물을 사물이면서 동시에 도구적 존재로 규정했던 것과 똑같은 방식으로 언어를 사물성과 도구성으로 파악한다. 예를 들어 우리가 어떤 급박한 상황에 처했을 때, 우리는 옆에 있는 물건을 아무거나 집어 든다. 위험이 사라졌을 때 우리는 아까 집어 든 물건이 망치인지 나무 막대기인지 기억하지 못한다. 마치 그것이 우리 신체의 연장(延長)이라도 되는 듯, 여섯 번째 손가락이나 세 번째 다리라도 된다는 듯이, 그것을 전혀 대상으로 의식하지 못한다. 언어도 마찬가지다. 그것은 타인 앞에서 우리를 보호하거나 타인에 대한 정보를 제공해주는 등, 마치 우리 감각의 연장과도 같다. 우리는 그것을 느끼기는 하지만, 그것을 넘어서서 그 뒤의 다른 목표를 향해 가느라고 언어 자체에는 별 신경을 쓰지 않는다. 다시 말하면 언어 앞에 머무르지 않는다. 이처럼 언어는 도구이며, 이 도구의 목적은 의사소통이다.

언어가 이처럼 도구인 것은 근원적으로 그것이 사물에 대한 명명(命名)이기 때문이다. 인간이 아직 동물적 상태로 살면서 처음으로 말 몇 마디를 만들어 내던 때를 상상해 보자. 매번 꽃을 꺾어 상대방 앞에 들고 오는 번거로움을 피하기 위해, 언젠가 누군가가 꽃 한 송이를 들고 "앞으로는 이것을 꽃이라고 부르자. 내가 '꽃'이라고 말하면 언제나 이 물건을 가리키는 것이다"라고 말했을지 모른다. 그렇게 만들어진 '꽃'이라는 말은 빨간색의 어떤 예쁜 형태를 가진 물건을 가리킬 뿐, 그것 자체로는 아무것도 아니다. 무엇을 이름 지을 때, 이름은 이름 지어진 사물을 위해 자기 스스로를 희생한다. 헤겔이 말했듯, 본질적인 사물 앞에서 그 사물의 이름은 비본질적이다.

그러므로 '꽃'이라는 말이 지시하는, 빨갛고 아름다운 어떤 형태의 실체가 중요할 뿐, '꽃'이라는 말 자체는 본질적이지 않다. 우리의 시선은 마치 햇빛이 유리창을 통과하듯, 말을 통과하여 그 말이 가리키는 현실 속의 구체적 사물을 향한다. 이처럼 언어는 하나의 도구이다. 모든 도구가 그러하듯, 언어 역시 투명성을 지닌다. 우리가 어떤 사람의 말을 다른 이에게 전달할 때, 그 사람의 말을 글자 그대로 옮기지 못함에도 불구하고 그 내용은 정확하게 전달되는 것, 이것이 바로 언어의 투명성을 입증하는 것이 아니고 무엇이겠는가? 마치 벽에 못을 박기 위해 망치를 사용하는 것처럼, 우리는 머릿속의 생각을 타인에게 전달하고, 세계 속의 특정 사물을 지시하기 위해 언어를 사용한다. 사르트르가 '사용한다'(utiliser, 또는 se servir de)라는 단어를 이탤릭체로 표기할 때, 그것은 '도구로서 사용한다'라는 의미, 즉 언어의 도구적 특성을 강조하기 위한 것이다.

산문과 시

기호로서의 언어는 투명하지만 언어는 가끔 불투명하기도 하다. 어떤 말이나 글 앞에서 내용보다 언어 자체에서 문득 마음이 빼앗겨 '그 표현이 참 아름답다'라고 생각할 때가 있다. 언어가 도구 아닌 사물로 드러나는 순간인 것이다. 이처럼 언어의 물질성에 매료된 사람, 그는 아무리 예술에 문외한이라 하더라도 이 순간에 이미 예술적인 태도를 취하고 있는 것이다. 사르트르가 참여예술의 경계를 설정한 것도 바로 이러한 구분에서였다. 그에게 있어 음악, 미술, 문학 등의 영역 구분은 무의미하다. 문학을 포함한 모든 예술을 그는 단지 두 개의 카테고리로 나누는데, 그것은 오로지 예술의 질료를 사물로 생각하느냐, 아니면 도구로 생각하느냐의 기준에 의해서이다. 그래서 산문과 똑같이 말이라는 질료를 사용하는 시가 오히려 음악, 미술과 같은 카테고리에 속하게 되는 것이다.

그는 음악, 미술, 시를 예술이라고 지칭하고, 소설, 에세이, 팸플릿 등 말을 사용하는 모든 글을 산문이라고 부른다. 그리고 현실 참여는 말을 도구로 사용하는 장르, 즉 산문만이 할 수 있다고 주장한다. 산문으로 된 소설이 반드시 언어의 도구성에만 의존하고 그 사물적 측면을 도외시하는지에 대해서는 논란의 여지가 많다. 이 단순한 이분법은 참여문학론과 함께 이미 용도가 폐기된 것으로 보인다. 나중에 『집안의 백치』에서 사르트르 자신도 이런 개념을 사실상 부정하였다. 그러나 참여문학을 주장하던 시기에 사르트르는 적어도 외관상으로는 이 개념을 철두철미하게 신봉하는 듯이 보였다.

"기호의 왕국, 그것은 산문이다. 시는 회화, 조각, 음악의 편이다"라고 그는 『문학이란 무엇인가?』에서 말했다. 언어를 기호로 생각하지 않는다는 점에서 시는 차라리 미술이나 음악의 영역과 가깝다는 것이다. 작가는 누추한 집을 묘사함으로써 그것을 이 사회의 불의의 상징으로 삼아 독자의 분노를 불러일으킬 수 있다. 그것은 우리가 일상언어에서 사회 비판적인 말을 직설적으로 하는 것과 같은 차원의 것이다. 다시 말하면 작가는 "말을 하는 사람"이다. 그러나 시인은 딱히 독자에게 전달해야 할 무슨 할 말이 없다.

작품의 재료는 작가도, 시인도 똑같이 언어이다. 소설가는 손에 힘을 주어 원고지 위에 글씨를 쓰거나 컴퓨터의 자판을 두드리고, 시인도 그렇게 한다. 그러나 두 사람의 공통점은 거기에서 그친다. 작가는 자기 머릿속의 생각을 나타내기 위해 말이라는 수단을 사용한다. 그러나 시인은 마치 화가가 팔레트 위에서 색깔을 이것저것 골라 합성을 하듯이, 또 음악가가 이런저런 높낮이의 음을 합성하여 노래를 만들 듯이, 그렇게 단어를 이리저리 합하여 '시'라는 작품을 만들어 낸다. 산문이 의미 작용의 작업이라면 시는 낱말이라는 구슬을 가지고 노는 천진난만한 유희이다.

여기서 호안 호이징하(Johan Huizinga)의 놀이인간(Homo Ludens) 이론이 자연스럽게 떠오른다. 놀이를 인간의 원초적 특성으로 파악하는 그는 시(詩)야말로 놀이 속에서 놀이로서 탄생된 것이며, 인간의 행위 중 시보다 더 순수하게 놀이 개념에 가까운 것이 없다고 말한다. 그의 정의에 따르면 놀이란 물질적 유용성 혹은 필요성의 영역 밖에서 가시적 질서와 엄격한 규칙에 따라 행해지는 어떤 행동이다. 스포츠는 물론이고 어른이나 아이들의 모든 놀이에 엄격한 규칙성이 있음을 상기해 보면 우리는 호이징하의 놀이 개념을 수긍하게 된다.

그렇다면 시는 왜 놀이인가? 시에는 어떤 실용적인 목적이 없다. 그것은 완전히 물질적 유용성에서 벗어나 있다. 엄격한 질서와 규칙은 시적인 형식을 뜻한다. 의미를 지시하는 기능에서 완전히 단절된 언어는 자기 자신으로 되돌아와 그 자체로 존재한다. 시인이 언어의 풍요로움을 발견하는 것은 바로 이때이다. 언어를 연장으로 사용할 생각이 없어질 때부터 말들은 그것 자체로 감상할 수 있는 아름다운 물체가 된다. 그것들의 시각적 물질성, 혹은 청각적 물질성이 시인을 사로잡는다.

독자인 우리도 시인의 말을 이 세계의 어떤 양상을 가리키는 기호로 생각하지 않고 다만 그 속에서 이미지만을 본다. 시인이 버드나무, 또는 물푸레나무라고 했을 때 그 말들은 반드시 이 세상에 실재하는 버드나무와 물푸레나무를 지칭하는 것이 아니다. 그러나 시인이 말을 기호로 생각하지 않는다고 해서 말들이 가진 의미마저 완전히 사라져 버린 것은 아니다. 원래의 의미가 없었다면 말들은 그저 소리와 철자로 모래알처럼 흩어졌을 것이다.

'보랏빛'이라는 세 글자가 하나의 통일성으로 단단히 묶일 수 있는 것은 어느 특정의 색깔을 지칭하는 그 말의 의미 때문이다. 그러나 단지, 시인이 그 말을 썼을 때는 현실 속의 진짜 보랏빛을 말하는 것이 아니라 그 말의 의미가 환기시키는 이미지를 추구하는 것일 뿐이다. 다시 말하면 시어는 사물이다. 이처럼 언어를 사물로 보는 태도를 사르트르는 '시적(詩的) 태도'라고 부른다. "시인은 단숨에 도구-언어에서 빠져나왔다. 그는 말을 기호가 아니라 사물로 보는 시적인 태도를 단호하게 선택했다."

그러니까 아주 간단한 공식이 세워졌다. 소설가 또는 산문가는 말을 도구로 생각하고 사용하는 사람, 그리고 시인은 말을 도구가 아니라 사물로 생각하는 사람이다. 시인의 유일한 관심사는 '단어들을 무심하게 바라보는 일'일 뿐이다. '바라보다'라는 것은 그대로 하이데거의 인식과 도구의 관계를 연상시킨다. 사물을 무심하게 바라보는 것은 그것을 도구로 사용하는 것과 정반대의 행위이며, 단지 그 대상을 인식하는 행위일 뿐이다. 그러니까 시인은 언어를 도구로 사용하지 않고 그것을 인식하는 자라고 말할 수 있을 것이다.

언어의 실패로서의 시

언어가 1차적으로 도구임에 틀림없다면, 그것을 사물로 관조한다는 것은 언어의 도구성이 훼손되었음을 뜻한다. 도구적 측면에서만 본다면 그것은 언어 본래의 목적인 의사소통이 실패한 것이다. 여기서 실패(échec)가 사르트르 미학의 중요한 개념으로 등장한다. "시적 언어는 산문의 폐허 위에서 솟아오른다"라는 문장의 뜻이 바로 그것이다. 그러나 시인은 자진해서 언어의 도구성을 거부한 사람이므로 그에게 있어서는 이러한 실패가 그대로 구원이 된다.

애당초 예술이라는 것 자체가 이와 같은 수단과 목적의 전도가 아닐까? 예술이 아닌 현실 생활 속에서 인간의 행동은 언제나 어떤 목적의 수단이다. 내가 책상 위에 있는 연필을 잡으려고 손을 뻗칠 때, 손을 앞으로 내뻗는 행동은 연필이라는 목적을 얻기 위한 수단이다.

도구성의 고찰에서 보았듯이 모든 수단은 투명하여 우리 눈에 안 띄고, 우리의 관심도 끌지 못한다. 중요한 것은 연필일 뿐 그것을 잡기 위해 손을 뻗치는 행동은 부차적이고, 덜 중요하고, 비본질적인 가치일 뿐이다. 결국 인간은 자신의 목표에 의해 소외되어 있다.

그러나 예술은 이 관계를 전도시킨다. 원래의 목표가 흐릿해지고 중간 단계의 수단만이 남은 것, 그것이 그 옛날의 무훈담이나 춤 아니었던가? 시(詩)야말로 이러한 전도의 가장 전형적인 예이다. 실제 생활 속에서라면 항아리는 물 긷는 처녀가 그 속에 물을 채우기 위한 목적이지만, 시에서는 그것이 물 긷는 처녀의 우아한 자태를 위해 존재한다. 실제의 역사 속에서는 트로이 전쟁을 승리로 이끌기 위해 헥토르나 아킬레스가 용감하게 싸웠겠지만, 시에서는 헥토르나 아킬레스의 영웅적인 행동을 보여주기 위해 트로이 전쟁이 존재한다.

이렇게 수단과 목적을 전도시킨 시인에게 있어서 말은 더 이상 의사소통의 도구가 아니다. 그것은 망가진 연장이다. 도구에서 도구성이 벗겨지면 거기에는 사물이 남는다. 유용성이 우리 행동의 성공을 보장해 주는 것이라면 무용지물은 우리 행동의 실패를 뜻한다. 본래의 기능을 상실한 말은 이제 더욱 분명하게 그것의 실재성과 개별성을 되찾고, 이번에는 인간의 실패의 도구가 된다. 의사소통의 수단이었던 말의 의미는 그 자체가 순수한 소통불능성이 된다. 말을 도구로 사용하려는 계획은 말에 대한 순수직관으로 대치되고, 오히려 실패에 절대적인 가치를 부여하는 현상이 생긴다. 사르트르 미학의 또 하나의 주요 개념인 '지는 자가 이기는 게임(Qui perd gagne)'의 의미가 그것이다. "시는 '지는 자가 이기는' 게임이다. 진정한 시인은 승리하기 위해 자기 몸을 죽일 정도로 패배한다."

이 개념은 나중에 플로베르를 다룬 『집안의 백치』에서 좀 더 심화되고 확대되어, 19세기의 '예술을 위한 예술'의 사조를 설명하는 중요한 용어가 될 것이다. 그러나 아직 『문학이란 무엇인가?』에서는 산문과 시를 대비하기 위해 이 개념을 적용하고 있다. 시인은 예술에서의 승리를 위해 실제 인생에서는 패배하기로 작정한 사람이다. 흔히 상식적으로, 시인은 현실을 잘 모르기 때문에 실제의 인생에서 실패한다고 말하는데, 사르트르는 현실에서의 실패가 시인의 원초적인 선택이라고 말한다.

그런데, 단순히 언어를 망가진 도구로 간주하는 행위가 어떻게 인생 전체의 실패로 이어질 수 있는가? 앞에서 살펴보았던 도구연관의 세계를 다시 한 번 생각해 보자. 책꽂이는 책을, 책은 독서를, 독서는 연구를, 이런 식으로 이 세계는 촘촘한 망상(網狀)(그물)의 고리로 연결되어 있는 도구연관의 세계이다. 그 어느 것도 고립적으로 있는 것은 없고 끊임없이 이어지는 지시의 연속이다. 그런데 나를 둘러싸고 있는 도구란 결국 모두가 나에 의해 행해져야 할 어떤 과제를 의미하는 것이다. 책은 내가 읽어 주기를 기다리고 있고, 빗자루는 내가 쓰레질을 해 주기를 기다리고 있다. 그렇게 본다면 이 세계 도구성의 전체는 정확히 나의 가능성과 일치하는 요소이다.

대자존재인 나는 내 가능성의 총화이다. 그렇다면 도구란, 사물에 투사된 내 가능성의 이미지일 뿐이다. 다시 말하면 사물 속에 각인된 나의 존재 그 자체이다. 그리고 세계는 도구연관의 거대한 사슬로 이어져 있으므로 그 중의 어느 고리 하나만을 끊어도 전체의 구조가 와르르 무너져 내린다. 따라서 이 세계의 도구적 질서를 거부한다는 것은 세계-내-존재인 나의 존재 자체를 부정하는 것이며, 결국 세계 안에서의 내 인생의 실패를 뜻하는 것이다. 시인은 인생에서 실패한다. 그러나 시인은 또 언어에서도 실패한다.

시인은, 언어라는 도구가 결코 완벽하게 쓸모 있는 연장이 되지 못한다는 것을 잘 알고 있는 사람들이다. 말은 우리의 생각을 그대로 전달해 주는 도구가 아니라 오히려 그것을 왜곡하는 매체이다. 일상 언어에서도 그렇지만 특히 섬세한 감정이나 사상을 전달하는 문학 작품에서 시인의 머릿속 생각을 있는 그대로 말로 표현한다는 것은 불가능한 일이다. 마치 용암처럼 들끓어 오르는, 언어 이전의 어떤 생각을 시인은 언어라는 기성품의 주물 속에 집어넣어 시를 만든다. 따라서 그의 시 작업은 애초부터 실패를 전제로 하는 것이다.

플로베르의 '예술을 위한 예술'이 바로 이 실패에서부터 출발한다. 미(美)에 절대적 가치를 부여했던 플로베르에게 있어서 아름다움이란 환상이고, 신기루이며, 없음이다. 현실은 역겹지만 환상은 아름답고,

존재하는 것은 추하지만 존재하지 않는 것은 모두 아름답다. 그에게 있어서 현실에 대한 상상의 우위는 절대적이다. 그런데 미는 상상의 세계, 비현실의 세계에 있는 것이므로 그것은 우리가 가질 수도, 만질 수도 없다. 그것은 우리의 손이 닿지 않는 곳에 있다. 다시 말하면 그것은 부재이다.

불가능하다는 것을 잘 알면서도 작가는 그 불가능을 욕망하고, 존재하지 않는 것에 존재를 부여하려 한다. 있지 않는 것을 있게 하고, 불가능한 것을 가능하게 만들려는 플로베르의 예술 작업은 순교자의 행위와도 같다. 패배를 미리 수락하고, 틀림없이 실패할 줄 알면서도 그것에 집착하기 때문이다. 결국 그것은 실패를 위한 실패이며 오만한 절망이다. 이 절망의 순간에 인간 존재는 높이 고양된다. 시인은 현실에서는 패배하지만 피안의 세계에서는 최종적인 승리를 거둔다. 그리고 세속적인 실패는 천상의 보상을 받는다. 보들레르의 '불운'(Guignon) 또는 '저주'(malédiction)라는 말의 의미, 그리고 플로베르의 순수예술 혹은 절대예술의 의미가 그것이다.

모순적인 미학이론들의 혼재

비록 시기적인 차이가 있기는 하지만 사르트르에게는 분명 모순적인 미학 이론들이 혼재해 있다. 작가의 혁명적 의식을 강조하는 참여

이론이 있는가 하면, 문학에 의한 인간의 구원, 미의 비실재성, 예술적 형식에 대한 가치 부여, 문학의 절대성 등을 말하는 순수예술 이론도 있다. 그의 일생을 총체적으로 조감해 보면 놀랍게도 순수예술 쪽이 훨씬 우세하다. 참여문학을 주장하던 시기에 잠시 부인하기는 했지만 젊은 시절 이래 평생 플로베르를 흠모해 왔으며, 말년의 대작 『집안의 백치』도 플로베르를 연구 대상으로 삼았다는 사실이 그것을 증명한다.

참여문학과 순수문학의 두 모순적인 문학 이론의 근원에서 우리는 언어의 사물성과 도구성이라는 존재론적 양태를 발견한다. 그는 우선 일반 사물과 도구의 개념을 하이데거에게서 빌려와 그것을 다시 언어에 적용시킨다. 하이데거에 의하면 기능이 원활한 도구는 그 자체가 전혀 우리 눈에 띄지 않지만, 일단 도구성이 훼손된 고장 난 연장은 갑자기 그 물건 자체가 우리 눈에 띄게 된다. 마치 투명하던 유리에 때가 끼어 불투명하게 되듯이 말이다. 사르트르는 이 불투명성을 도구와 대립되는 사물의 성질로 규정하고, 언어가 가지고 있는 사물적 특성에 주목한다.

언어는 원래 의사소통 또는 대상의 지시라는 기능을 가진 도구이지만 어느 순간 우리는 문득 언어의 사물적 측면을 감지하는 때가 있다. 일부러 언어의 사물적 측면에만 관심을 갖고 언어를 사물적인 질료로 삼아 예술작품을 만드는 사람들도 있다. 그들이 바로 시인이다. 언어를 도구로 간주하는 문인은 소설가이고, 언어를 사물로 간주하는 사람은 시인이다. 이것이 『문학이란 무엇인가?』의 제1장 「쓴다는 것은 무엇인가?」에서 사르트르가 전개시킨 이론이다.

이것은 단순히 참여문학론에만 유효한 것이 아니다. 차라리 그의 미학 이론 전체에 물줄기를 대는 하나의 근원으로 보아야 할 것이다. 언어를 전달 기능의 도구로 보았을 때 거기에는 무엇을 전달해야 하는가의 문제가 필연적으로 제기되고 그것은 결국 참여문학 이론으로 이어진다. 반대로 언어를 그 자체로 존재하는 사물로 보았을 때 그것은 당연히 형식미의 추구와 순수문학 이론으로 귀결된다. 요컨대 사르트르의 미학 체계를 이해하기 위해서는 언어의 사물성과 도구성에 대한 개념 정립이 필수적이다. 기호학과 후기 구조주의를 통해 고도의 언어 이론이 개발된 이 시점에서 과연 언어를 단순히 도구와 사물로 가를 수 있는가의 문제는 또 별개의 논의를 필요로 할 것이다.

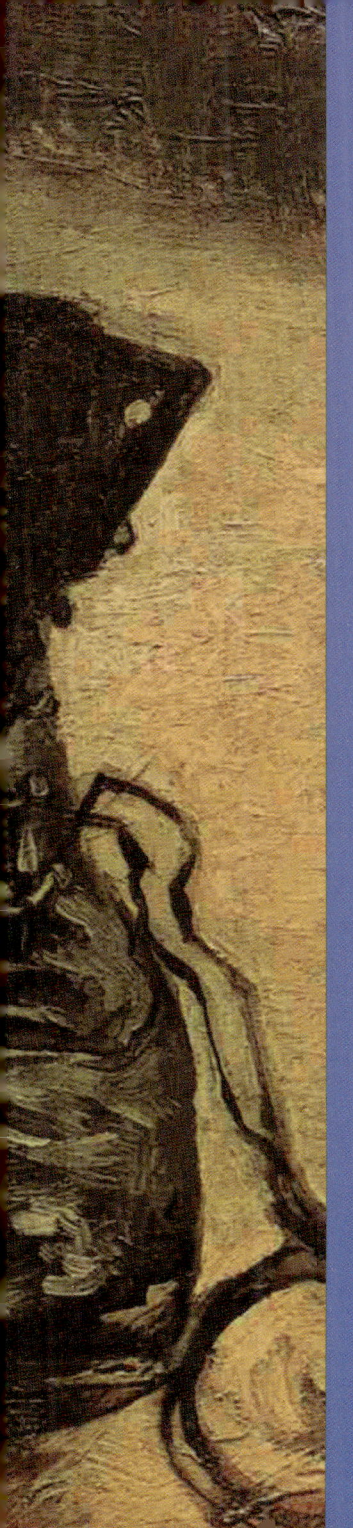

반 고흐, 「한 켤레의 구두」 1886년
Oil on canvas, 37.5 X 45cm, Van Gogh Museum, Amsterdam

3장_하이데거

반 고흐, 「오베르 성당」 1890
Oil on canvas, 94 X 74.5cm, Musee d'Orsay, Paris

1. 반 고흐의 구두 그림을 통한 존재의 진실 찾기
– 하이데거 예술철학 다시 읽기

반 고흐의 구두 그림

비록 주변의 녹색 들판이 콘크리트 건물들로 바뀌긴 했지만 오베르-쉬르-우와즈의 자그마한 시청사에는 여전히 삼색기가 펄럭이고 있었고, 화가들이 와서 독한 압생트주를 마셨을 술집 건물과 고흐가 살던 작은 2층 방이 짚 의자, 침대 등과 함께 그대로 보존되어 있었다. 좁은 언덕길을 오르면 그 유명한 「오베르 성당」이 나왔다. 짙은 남색 하늘을 배경으로 무수한 끊음 줄 터치의 진흙길 위에 빨간색과 보라색 지붕의 교회가 있는 그 아름다운 그림. 12세기에 지어진 로마네스크 양식의 교회이지만 반 고흐의 강렬한 그림 때문에 사람들은 건물 자체의 유서 깊음에는 별 관심이 없는 듯했다. 백여 년의 세월로 주위의 풍경이 달라져서일까, 현실 속의 성당 건물에서 그림의 아우라를 찾기는 힘들었다.

어느 여름, 내가 아를르, 생트-마리-드-라-메르, 생-레미 등 고흐의 발자취가 남은 프랑스 남부 지방을 거쳐 마지막으로 들른 파리 근처의 작은 도시 오베르-쉬르-와즈는 이 천재 화가의 치열한 예술과 처절한 삶이 마지막 2개월간 압축적으로 펼쳐지던 곳이다. 반 고흐는 1890년 5월 이곳에 와 권총 자살로 생을 마감한 7월까지 두 달 동안 「까마귀가 있는 밀밭」 등 수많은 걸작들을 그렸다. 스물일곱 살에 그림을 그리기 시작하여 서른일곱 살의 젊은 나이에 자살로 생을 마감하기까지 10년간 그린 그림이 900점, 그중 80점이 죽기 전 2개월간 이곳에서 그려진 것이다. 불과 2개월 동안 무려 80점의 그림을 그렸다니 천재적 광기의 폭발이라고 밖에는 설명할 길이 없다. 두 달간의 짧은 시간이 세상을 바꿀 만큼 긴 세월일 수도 있다는 사실이 놀랍다.

서머셋 모옴의 『달과 6펜스』 때문이었는지, 젊을 때는 고갱을 더 좋아했는데 지금은 고흐의 그림이 보면 볼수록 좋아진다. 우리 집 주방 한 구석에 있는 빨간 나무 짚 의자도 「빈센트의 의자」와 닮은 것이 좋아서 선뜻 사다 놓은 것이다. 강렬한 눈빛의 자화상이라든가, 자포니즘(일본풍 애호)이 아름답게 형상화된 「탕기 아저씨」, 물결치는 노란 밀밭 위 폭풍이 몰려올 듯 어두운 하늘을 배경으로 검은 까마귀들이 날아다니는 풍경, 아니면 강렬한 해바라기 등 유명한 대표작들도 그렇지만, 네덜란드 북부 누에넨의 농부들을 어두운 색조에 거친 터치로 그려낸 초기 그림들에서 형언할 수 없는 감동을 느낀다. 굴곡진 농부의 얼굴들, 물 끓는 주전자가 얹혀 있는 아궁이 불 앞에서 감자를 깎는 농부의 아내, 희미한 램프 불 아래 둘러앉아 감자를 먹는 사람들, 그 따뜻하고 소박한 정경들은 보는 사람의 마음을 푸근하고 편안하게 해준다.

반 고흐, 「땅파는 여인」 1885년
Oil on canvas on panel, 42 X 32cm
Barber Institute of Fine Arts,
University of Birmingham

반 고흐, 「땅파는 여인」 1885년
Oil on canvas on panel, 41.5 X 32cm
The Art Gallery of Ontario, Toronto

「고흐의 다양한 구두 그림들」

그들이 한 결 같이 신고 있는 것이 투박한 나막신 혹은 가죽 구두였다. 고흐는 아예 구두만을 주제로 삼아 그림을 그리기도 했다. 밭에서 일하는 사람들이 신고 있는 신발들은 제외하더라도 가죽신이나 나막신을 포함해 신발만을 그린 그림이 일곱 점, 오지그릇이나 물병과 함께 식탁 위에 오른 나막신의 정물화가 두 점 등 신발의 그림만 모두 아홉 점이나 있다. 화가는 그림에 아무 제목을 붙이지 않고 그저 여러 장의 구두를 그렸을 뿐인데 나중에 사람들이 분류하면서 「한 켤레의 구두」, 「세 켤레의 구두」 혹은 「끈이 달린 낡은 구두」로 제목을 붙였다.

고흐가 구두만 처음으로 그리기 시작한 것은 1886년 파리에서였다. 늙은 노동자의 얼굴처럼 깊은 주름이 잡혀 있는 목이 긴 가죽 구두로 끈은 풀어져 내려와 있고, 왼쪽 신발은 목이 접혀 있다. 노란색의 배경은 밭을 연상시키기도 하지만 그것이 도시의 산책로인지 시골의 들판인지를 알려주는 단서는 아무것도 없다. 암스테르담 반 고흐 미술관 소장품으로 1971-1972년 파리의 튈르리에서 반 고흐 특별전이 열렸을 때 「끈이 달린 낡은 구두」라는 제목이 붙여졌다.

같은 해에 그는 구겨진 헝겊 같기도 하고 황량한 들판 같기도 한 노란 색 바탕 위에 나란히 놓여 있는 세 켤레의 구두를 그렸는데, 한 켤레는 제대로 서 있고, 두 번째는 한 짝이 뒤집혀 가죽이 터지고 징이 박힌 바닥이 드러났고, 마지막 구두는 한 짝의 목이 접혀진 채 비스듬히 왼쪽으로 기울어져 있다. 이것은 하버드대 박물관에 소장되어 있다.

다음 해인 1887년에도 파리에서 구두 한 켤레씩의 그림을 석 장 그렸다. 그중 둘은 각기 한 짝이 뒤집혀져 징 박힌 바닥을 드러내고 있고, 나머지 하나는 한 짝이 살짝 들려 있다. 이것들은 미국의 볼티모어 미술관과 브뤼셀 미술관, 그리고 암스테르담의 고흐 미술관에 각기 소장되어 있다.

1888년에는 아를르에서 나막신 한 켤레와 가죽 구두 한 켤레를 그렸는데, 나막신은 암스테르담의 반 고흐 미술관, 가죽 구두는 뉴욕의 크라마스키 트러스트 재단이 소장하고 있다. 이들 그림들은 비록 시기적으로는 파리로 이주한 뒤인 1886년 이후의 작품들이지만 하나같이 고단한 삶이 배어 있는 낡은 구두라는 점에서 주제적으로는 초기의 농촌화 계열에 속한다고 보아야 할 것이다.

물론 하나의 주제로 여러 장을 그리는 것은 그림밖에 몰랐던 이 치열한 화가에게 있어서 드문 일은 아니다. 그의 첫 번째 걸작으로 평가되는 「감자 먹는 사람들」만 해도 석판화를 포함해 세 점이 있고, 해바라기 그림도 꽃잎이 떨어진 것, 오므려진 것, 펼쳐진 것, 화병에 꽂힌 것, 아닌 것 등 모두 여섯 점이나 있으며 자화상은 무려 43점이나 있기 때문이다.

화려한 색채의 그림들에 가려서 그의 구두 그림은 사람들의 관심을 별로 끌지 못한 것이 사실이다. 신발의 그림은 그것이 아무리 유화로 그려졌다 하더라도 하나의 작품이라기보다는 큰 그림을 그리기 위한 습작 정도로 여겨지기 십상이다. 그러나 그림이 세상에 나온 지 정확히 50년 후 하이데거가 자신의 예술철학을 논증하기 위해 반 고흐의 구두 그림을 예로 들자, 그의 구두 그림은 단숨에 인문학의 화두로 뛰어올랐다. 미국의 유명한 미술사학자인 샤피로가 『개인용품으로서의 정물화 – 하이데거와 반 고흐에 대한 단상』에서 하이데거의 반 고흐 그림 인용에 이의를 제기했고, 이어 데리다가 두 사람을 함께 비판하면서 하이데거를 다시 읽는 방식으로 논쟁에 뛰어들었다. 반 고흐의 낡은 구두들은 세상에서 가장 철학적인 구두가 된 것이다. 내가 하이데거의 예술철학을 꼼꼼히 다시 읽게 된 것도 반 고흐의 구두와 관련된 호기심 때문이었다.

미의 본질, 예술의 본질

헤겔은 일찍이 아름다움의 본질을 예술의 본질과 연결시켰다. 미학이건 철학이건 여하튼 미의 연구에 바쳐진 모든 학문은 자연의 미를 그 대상에서 배제해야 한다고 그는 생각했다. 일상생활에서 우리는 하늘이 아름답다고 말하지만, 그러나 자연의 미는 예술의 미를 따르지 못한다. 뭔가 숨 막히게 아름다운 것을 보면 사람들은 "이건 그대로 예술이다"라고 말한다. 보통 사람들의 이 진부한 표현 속에 이미 예술의 아름다움이 자연의 아름다움보다 우월하다는 헤겔의 사상이 들어 있다. 예술작품을 만든 것이 정신인데, 정신은 자연보다 우월하다는 것이 그의 기본 이념이기 때문이다. 그러므로 절대적 미, 아름다움의 궁극적 목적이나 본질은 예술 속에서 나타나는 것이지 날것 그대로의 자연 안에 나타나는 것이 아니다.

그렇다면 우리의 의문은 자연스럽게 "예술이란 도대체 무엇인가?", "그것은 어디서부터 왔는가?", "예술의 근원은 무엇인가?"에 모아진다. 예술론을 쓴 세 사람의 위대한 철학자 칸트, 헤겔, 하이데거 중 가장 최근의 철학자인 하이데거가 자신의 예술론의 제목을 『예술 작품의 기원』으로 했다는 것은 그런 점에서 의미심장하다.

메를로-퐁티가 세잔느에 대해서 말했던 것처럼 예술가의 작품은 예술가의 체험이고, 그의 생애의 근원이다. 그것은 정체를 알 수 없는, 마르지 않는 샘에서 흘러넘치는 시도이며, 보고 듣고 말하는 일련의 기도들이다. 그렇다면 예술작품의 근원이 곧 예술가라는 결론이 쉽게 내려진다. 작품은 예술가의 활동에서부터, 그리고 그 활동을 통해 발생한다. 그렇다면 예술가는 작품의 근원이다.

그러나 또 한편으로 생각해 보면, 예술가는 작품을 만드는 사람이다. 자신의 작품이 하나도 없는 사람을 우리는 예술가라고 부르지 않는다. 그렇다면 작품은 예술가의 기원이다. 여기에 해석학적 순환이 있다. 작품은 예술가에게서 나오는데, 예술가는 작품에서 나온다. 그둘 중 어느 하나도 다른 하나가 없으면 존재하지 않는다. 그러나 그둘 중 어느 것도 다른 것의 유일한 버팀목이 되지 못한다. 우리는 둥근 원을 한 바퀴 빙 돌았다. 이 악순환적 고리를 끊기 위해서는 예술가와 예술작품에 선행하는, 그 둘을 떠받쳐주는 제3의 어떤 것이 있다고 상정하지 않으면 안 된다. 예술가와 예술작품에 '예술'이라는 이름을 부여하는 그 제3의 것은 다름 아닌 예술이다.

예술은 예술가와 작품 양쪽의 기원이다. 그러나 예술은 도대체 기원이 될 수 있는가? 예술은 도대체 무엇인가? 예술은 본질적으로 예술작품 안에서 펼쳐진다. 그러므로 '예술이 무엇인가'의 문제는 실제적인 예술작품들의 비교 검토에서만 얻어질 수 있다. 그런데 '예술작품이 무엇인가'는 오직 예술의 본질에서부터만 알 수 있다. 예술의 본질에 대한 일종의 선(先)이해가 없다면, 우리는 어떻게 우리 눈앞에 있는 그림이 예술작품인 것을 알 수 있단 말인가? 다시 한 번, 해석학적 악순환이다. 작품이란 무엇인가를 알기 위해 작품들을 검토하는데, 그 작품들의 선택에서 우리는 벌써 "이런 것이 예술작품이다"라고 결정해 버린 것이다.

원론적으로 예술의 본질은 실제적인 예술작품에서 수합할 수도 없고, 그렇다고 그것을 결정해주는 상위 개념도 없다. 주어진 대상들 사이에서 성질들을 선택하거나 원칙들로부터 개념을 추출하는 일은 다 불가능하다. 그러나 이 해석학적 궁지에서 빠져나오기 위해 우리는 예술작품이라 일컬어지는 것들에서 예술의 본질을 끌어낼 수밖에 없다.

예술작품의 사물성과 상징성

예술이라는 명칭만 떼어놓고 보면, 작품은 다른 보통의 사물과 전혀 다를 것이 없다. 그것은 우리 눈에 보이고 손으로 만져지는 물건으로, 우리의 감각 앞에 현전하고 있다. 실재성의 관점에서 보면 예술작품은 다른 모든 사물들과 마찬가지의 사물이다. 그림은 마치 소총이나 모자처럼 벽에 걸려 있고, 조각은 마치 탄광의 석탄처럼 또는 통나무처럼 배에 실리며, 베토벤의 4중주 악보는 마치 지하 헛간의 감자처럼 출판사 창고 안에 쌓여 있다. 부두의 하역부나 미술관의 청소 아주머니에게 있어서 예술작품은 운반도구나 청소도구와 전혀 다를 바 없는 사물일 뿐이다.

모든 작품은 이런 사물적 성격을 갖고 있다. 당연한 얘기지만, 사물적 요소가 없으면 작품은 존재하지 않는다. 건축에는 돌, 나무 조각에는 나무, 회화에는 물감, 시에는 언어, 악곡에는 소리가 있다. 분명 예술작품은 만들어진 사물이지만, 그러나 그것은 순수한 사물과는 다른 어떤 것을 말하고, 사물 그 자체 이상의 어떤 것을 드러낸다. 그 자체와 다른 어떤 것을 의미한다는 점에서 모든 예술작품은 알레고리이다. 만들어진 사물인 예술작품은 이 사물과 함께 다른 것을 우리에게 가져다준다. '함께 가져오는 것'을 그리스어로 심발레인(symballein)이라고 한다. 심볼(symbol)의 어원이다. 결국 모든 작품은 상징이다.

그런데 한 작품 안에서 자체 이외의 다른 것을 보여주는 요소는 어디까지나 이 작품의 사물적인 특징이다. 그렇다면 우리는 작품의 사물적 요소를 해명해야 하고, 이를 위해서는 사물이란 무엇인가를 깊이 생각해 보아야 할 것이다.

사물이란 무엇인가?

길가의 돌은 들판의 흙덩어리나 마찬가지로 사물이다. 물 주전자는 길가의 샘이나 마찬가지로 사물이다. 하늘의 구름, 들판의 엉겅퀴, 가을바람 속의 나뭇잎, 숲속의 새들도 사물이다. 사물이라는 명칭은 외관으로 나타나지 않는 것까지도 가리킨다. 칸트에 의하면 세상의 모든 것이 사물이다. 신(神)까지도 사물이다. 우리의 감각 앞에 모습을 보이는 사물이 '우리에게 있어서의 사물(chose pour nous)', 즉 현상(phénomène)인데 반해, 모습을 스스로 나타내 보이지 않아 우리의 감각으로 접근할 수 없는 사물은 소위 물자체(物自體, chose en soi, thing-in-itself)이다. 이처럼 철학 언어에서는 물자체의 사물이건 스스로 모습을 나타내는 사물이건 모든 '있음'이 사물로 명명된다.

요즘의 컴퓨터와 휴대폰도 우리에게 매우 친숙한 사물들이다. 그런데 죽음이나 판단 같은 것도 역시 사물이다. 프랑스어의 chose나 영어의 thing은 우리말의 사물, 물건처럼 만져지고 보이는 것만이 아니라 모든 일, 모든 사실 등 추상적인 것까지도 의미한다. 결국 '사물'이라는 말은 단순히 '아무것도 아닌 것'이 아닌 '어떤 것'이다. 이런 의미에서 예술작품도 사물이다. 그것이 어떤 종류의 '있음'이라는 의미에서 그러하다. 그러나 적어도 사물의 존재 양식을 가진 실체와 작품의 존재양식을 가진 실체를 구분하려 할 때 이 개념은 우리에게 아무런 도움도 되지 않는다.

게다가 우리는 신(神)을 사물이라고 부르는 것을 주저하게 된다. 같은 논리로 우리는 들판의 농부나 학교 선생을 사물로 부르기가 망설여진다. 사람은 사물이 아니다. 또 숲 속의 사슴이나 풀밭의 딱정벌레를 사물이라고 부르기도 어색하다. 그러나 망치, 구두 혹은 도끼나 시계는 주저 없이 사물이라고 부른다. 오로지 돌, 흙덩어리, 나뭇조각 같은 물체만이 우리에게는 진짜 사물이다. 그러니까 생명 없는 자연의 존재와 유용한 물건들만이 우리가 주저 없이 사물이라고 부르는 사물들이다. 다시 말하면, 자연적인 물건들과 도구들만이 흔히 사물이라고 불린다.

이제 우리는 가장 높거나 가장 마지막의 것들까지 모든 것이 사물로 불리는 넓은 영역에서부터 순수 사물의 좁은 경내로 들어왔다. 그렇다면 이 사물들의 사물적 성격은 무엇인가? 서구 사유의 전통에서 오래전부터 자명한 것으로 여겨졌던 사물의 사물다움의 해석은 다음의 세 가지로 요약될 수 있다.

1) 핵 또는 근저로서의 사물

첫째, 사물은 그 주위에 여러 성질들이 덧붙여진 하나의 핵이라는 가설이다. 예컨대 하나의 돌은 단단하고 회색이고 꺼칠꺼칠한 표면을 갖고 있으며, 형태는 울퉁불퉁하고 무겁다. 초목은 뿌리와 줄기와 잎이 있고, 잎은 초록색이고 뾰족뾰족하다. 동물은 눈과 귀가 있고, 한 장소에서 다른 장소로 움직일 수 있으며, 감각기관, 소화기관, 생식기관을 갖고 있고, 이 기관들을 사용하고 활동한다. 우리는 이것을 유기체라고 부른다. 또 시계는 톱니바퀴, 용수철, 문자판 등을 갖고 있다. 우리는 우리 주변의 모든 사물들에 대해 이런 식으로 무궁무진하게 말할 수 있다. 그리고 우리는 이 모든 것을 사물이라고 한다. 이런저런 각기 다른 성질을 갖고 있지만 공통적으로 그것들은 사물이다.

그렇다면 사물이란 다양한 성질이 거기에 덧붙여진 토대, 혹은 핵일 것이다. 종류에 따라 성질은 각기 다르지만 그 다른 성질을 떠받쳐주고 있는 '사물'은 영원불변의 어떤 것이다. 그러니까 사물이란 그 주위에 성질들이 모여드는 어떤 것이고, 그 주변에 항상 다양한 성질들을 끌어안고 있는 핵이며, 자기 이외의 다른 것을 자기 위에 갖고 있는 밑바탕이다. 그리스인들은 이 밑바탕을 히포케이메논(hypokeimenon)이라고 불렀다. 그들에게 있어서 사물의 핵은 사물의 근저에 있는 어떤 것, 거기에 언제나 있는 어떤 것이었다. 그것은 우연적이고 가변적인 성질들에 비해 영원불변의 어떤 실체(hypostasis)이다. 그리고 이 핵 주변에 있는, 혹은 토대 위에 놓인 가변적인 성질들을 심베베코스(symbebekos)로 불렀다.

로마인들이 그리스의 단어를 자기 것으로 가져오는 과정에서 hypokeimenon은 subjectum이 되었고, hypostasis는 substantia가 되었으며, symbebekos는 accidens가 되었다. 글자 그대로의 충실한 번역인 듯이 보이지만 그리스인의 원래 체험은 갖지 못한 채 그저 단어들만을 가져와 로마의 것으로 만든 것이 문제라고 하이데거는 비판한다. 그리스의 단어가 아니면 도저히 표현할 수 없는 것을 단순히 자구적(字句的)으로만 옮긴 이 번역에서부터 서구 사유의 뿌리 없음이 시작되었다고 그는 말한다.

여하튼 사물의 사물다움을 실체(substance)와 우연(accident)으로 정의하는 오늘날의 일반적인 견해는 바로 여기에서 유래한다. 그리고 사물의 구조를 문장 구조와 같은 것으로 보는 견해도 역시 여기서 유래한다. 하나의 명제는 주어(佛 sujet, 英 subject)와 술어(佛 prédicat, 英 predicate)로 되어 있는데, 그 역시 hypokeimenon의 재해석인 라틴어의 번역어 sujet(혹은 subject)와의 동일성 때문에 사물도 문장 구조와 같은 구조일 것이라는 믿음에서 유래한 것이다. 즉 고정적인 주어에 다양한 술어들이 변화무쌍하게 와서 붙는 명제적 언표처럼 사물도 거기에 각각의 우연적인 성질들이 와서 붙는 영원불변의 실체라는 것이다.

그러나 하이데거는 명제적 언표(주어와 술어의 조합)의 구조와 사물(실체와 우연의 조합) 구조 사이의 이 기본적이고 단순한 관계에 의문을 표시한다. 사람들은 사물을 이해하는 자신의 명제적 방법을 사물 자체의 구조 안에 전위시켰지만, 사물 구조가 단순히 문장 구조의 반영인지는 의심스럽다. 그렇다면 사물의 성격을 성질들의 담지자로 해석하는 것은 별로 타당성이 있어 보이지 않는다. 영원불변의 실체와 우연한 성질들의 결합이라는 이 개념은 사물만이 아니라 모든 '있음'에 대해서 유효한 것이 아닌가. 따라서 이것은 사물적 존재와 비-사물적 존재를 구별하는 데는 적절한 개념이 아닌 것 같다.

2) 감각에 주어진 여러 겹의 통일체로서의 사물

사물에 대한 두 번째 해석은, 사물이란 우리의 감각에 주어진 여러 겹의 통일체라는 것이다. 사물들은 색채, 소리, 꺼칠꺼칠함, 단단함 등의 느낌으로 시각, 청각, 촉각을 통해 우리의 몸을 움직인다. 사물은 감각에 의해 우리 몸에 감지된다. 여기서 사물이란 감각에 주어진 여러 겹의 통일체에 다름 아니라는 생각이 굳어지게 되었다.

사물의 사물다움에 대한 이 해석은 앞의 것만큼이나 옳고 논증 가능한 것으로 여겨지던 때가 있었다. 그러나 하이데거는 이 해석 또한 신뢰하지 않는다. 왜냐하면 사물들이 나타날 때 우리는 우선 여러 감각들, 다시 말해서 색조나 소음 같은 것만을 사물과 따로 떼어서 감지하는 것이 아니기 때문이다.

오히려 우리는 밖에서 들리는 저 바람소리가 태풍의 소리이고, 주차장에서 들리는 저 소리는 자동차 소리라는 것을 안다. 우리는 그것을 사물과 유리된 날것 그대로의 소리로 듣지 않는다. 집안에서 쾅소리를 들을 때 그것이 문이 쾅 하고 닫히는 소리라고 생각하지, 단순히 사물과 유리된 물리적 파장의 청각적 감각 혹은 음향만을 듣는 것이 아니다. 날것 그대로의 소리를 듣기 위해서는 우리의 귀를 사물에서부터 멀리 떼어 놓고, 추상적으로 들어야 할 것이다.

따라서 모든 감각보다 사물 그 자체가 우리에게는 훨씬 더 가깝다. 핵으로서의 사물이라는 첫 번째 해석은 사물을 우리 손이 뻗치는 범위 안에서 너무 멀리 세워 놓은 반면, 감각에 주어진 통일체라는 두번째 해석은 사물을 우리 몸에 너무 밀착시켰다. 이 두 해석에서 정작 사물의 진짜 모습은 사라졌다.

3) 형식화된 질료로서의 사물

사물에 대한 세 번째 해석은 사물이 질료와 형식의 결합이라는 것이다. 사물에 항구성과 핵심을 주고, 동시에 색깔, 울림, 딱딱함, 단단함 등으로 우리를 감각적으로 압박하는 것은 사물 안에 있는 질료(佛 matière, 英 matter, 希 hyle)이다. 질료로서의 사물의 해석 안에는 형식(佛 forme, 希 morphe)이 이미 함께 놓여 있다. 사물이 항구적일 수 있는 것은 질료가 형식과 함께 있기 때문이다. 사물은 형식화된 질료 (matière informée, formed matter)이다.

근대 형이상학은 중세에 고안된 형식-질료 구조 위에 근거를 두고 있다. 사물을 질료와 형식으로 보는 것은 그것이 중세의 것이든 아니면 칸트의 선험성이든 간에 여하튼 현시대에 통용되는 자명한 것이되었다.

이 질료와 형식의 종합 안에서 자연의 사물과 도구에 똑같이 적용되는 사물-개념이 마침내 발견된다. 이 개념이 우리에게 예술작품 안에서의 사물적 요소에 관련된 문제를 대답할 수 있게 해준다. 사물적 요소는 예술작품을 구성하고 있는 질료이다. 질료는 예술가의 조형 활동을 위한 기체(밑바탕, 基體)이며 장(場)이다. 이와 같은 질료와 형식의 구분이 가장 일반적으로 모든 예술 이론과 미학에 두루 사용되는 개념적 도식이다.

물론 이 개념이 확고부동하다고 해서 질료와 형식의 구분이 확실한 근거가 있다거나 그것이 예술 혹은 예술작품의 해석에도 유효하다는 것을 증명해 주지는 않는다. 게다가 이 한 쌍의 개념이 적용되는 범위는 오랫동안 미학의 장을 훨씬 넘어 있었다. 형식과 내용은 세상의 모든 것이 그 아래 포섭될 수 있는 가장 진부한 개념이기 때문이다. 더군다나 형식이 이성과 관계가 있고, 질료가 비이성과 관계가 있으며, 이성은 논리적, 비이성은 비논리적으로 간주되고, 주관-객관의 관계가 형식-질료의 개념적 쌍과 한 쌍을 이루는 듯한 경향은 미학의 추구에서 아무런 도움도 되지 못한다.

그러나 형식화된 질료로서의 사물의 개념이야말로 순수한 사물, 제품, 예술작품의 3대 요소를 해명하는 데 가장 적합한 정의인 것만은 틀림없는 사실이다.

사물-제품-예술작품

사물을 길가의 돌에서 신(神)에 이르기까지의 칸트적 의미가 아니라 단순히 우리의 감각에 주어진 무생물의 현전으로 본다면, '나'의 밖을 형성하는 감각적 '세계'의 모든 사물은 결국 순수한 사물, 제품, 예술작품으로 나뉘어 있다. 그 모두가 합쳐서 사물이지만 편의상 순수한 사물을 그냥 '사물'이라고 부르기로 하자. 그러니까 사물이라는 거대한 테두리 안에 사물, 제품, 작품이 3등분의 자리를 차지하고 있다.

이때 (순수한) 사물의 특징은 자기-충족적이다. 거기에는 어떤 목적이나 유용성이 개입되어 있지 않다. 우리가 순수하다고 말할 때 그것은 유용성이 제거되어 있다는 뜻이다. 그러니까 사물과 제품을 구별하는 기준은 유용성의 유무, 제조성의 여부에 있다. 형태를 갖춘 질료라는 점에서는 똑같지만 형식과 질료의 관계에 있어서는 사물과 제품이 전혀 다르다.

사물은 울퉁불퉁한 화강암 덩어리에서 볼 수 있듯이 질료가 형식을 결정한다. 그러나 물 주전자, 도끼, 구두 같은 제품은 이것도 역시 하나의 형태 속에서 발생하는 질료이기는 하지만, 여기서 모양으로서의 형식은 질료의 배분의 결과가 아니다. 오히려 형식이 질료의 선택과 배치를 결정한다. 물 주전자는 물이 새지 않아야 하고, 도끼는 충분히 단단해야 하며, 구두는 튼튼하지만 유연성이 있어야 한다.

　여기서 형식과 질료의 혼합은 물 주전자, 도끼, 구두 등의 목적에 의해 사전에 조정된다. 그러한 유용성은 물 주전자, 도끼, 혹은 한 켤레의 구두의 존재에 나중에 할당되거나 덧붙여지는 것이 아니다.

　따라서 유용성의 유무는 존재가 우리와 관계를 맺는 기본적인 특징이다. 조형적 행동과 질료의 선택, 그리고 질료-형식 결합의 양식은 모두 그러한 유용성 안에 자리 잡고 있다. 유용성은 제조된 생산품과 관계가 있다. 유용성을 목적으로 하여 인간에 의해 만들어진 것, 이것이 바로 제품(佛 produit, 英 product)이다. 제품이라는 명칭은 명백히 사용과 이용을 위해 생산된 물건을 지칭한다. 제품은 독일어로 Zeug인데, 이것은 인공물, 생산품, 도구 등 일반적으로 유용한 모든 제품을 의미한다. 그러므로 제품의 특징은 유용성이다.

　하나의 제품, 한 켤레의 구두는 완성되었을 때 형식과 질료를 갖췄다는 점에서 사물과 같지만, 그러나 화강암 옥석처럼 스스로 어떤 형태를 취하는 성질은 갖지 못했다. 또 한편 제품은 그것이 인간의 손으로 만들어졌다는 점에서 예술작품과 비슷하다. 그러나 자족적인 현전으로 말미암아 예술작품은 오히려 스스로 형체를 띠고 자기-충족적이 된 사물과 유사하다.

여기서 사물-제품-작품의 차이와 겹침이 드러난다. 사물은 어떤 목적이 없다는 점에서 자기-충족적이다. 다시 말하면 그것은 유용성에서 벗어나 있다. 그리고 인간에 의해서 만들어진 것이 아니라 자연에 의해 어떤 형태를 띠고 있다. 제품은 형태로 봐서는 사물과 가깝지만 어떤 목적에 따라 인간에 의해 만들어졌고, 따라서 유용성을 갖고 있다. 한편, 작품은 인간에 의해 만들어졌지만 어떤 목적에 의해 만들어진 것이 아니고 그 자체로 의미를 지닌 자기-충족성을 갖고 있다.

그러니까 이 세 요소는 서로 절반씩 겹쳐진다. 제품은 반쯤만 사물이다. 왜냐하면 사물의 성격을 가졌지만 거기에 유용성이 덧붙여져 단순한 사물 이상의 것이기 때문이다. 동시에 그것은 사람의 손으로 만들어졌다는 점에서 예술작품과 같지만 예술작품의 자족성이 없다는 점에서 작품 이하의 어떤 것이다. 제품은 사물과 작품 사이의 매개라는 독특한 지위를 갖고 있다. 내용은 다르지만 매개적 형식이라는 점에서 칸트의 도식(schème)을 연상시킨다.*

---

* 칸트에게서 도식은 현상과 범주 사이의 매개이다. 현상은 감각에 의해 지각되는 것이며, 범주는 오성이 이 다양한 현상을 통합할 때 사용하는 수단이다. 이 현상과 범주 사이에는 제3항이 있는데, 그것은 한편으로는 범주와 동질적이고, 또 한편으로는 현상과 동질적이어서 양쪽에 다 적용시킬 수 있다. 따라서 이 매개적 표상은 아무런 경험적 요소 없이 순수 관념적이기도 하고, 또 한편으로는 감각적이기도 하다. 이것이 선험적 도식(schème transcendantal)이다. (칸트,『순수 이성비판』) 참고로 칸트에게 있어서 범주란 순수 오성의 기본개념인데 거기에는 다음과 같은 4강(綱) 12목(目)이 있다. 1)분량(단일성, 다수성, 총체성) 2)성질(실재성, 부정성, 제한성) 3)관계

제품이 사물과 작품 사이에 매개적인 위치를 갖고 있으므로, 비제품적인 존재들도 제품의 존재의 도움을 받아 이해될 수 있으리라는 추측이 가능하다. 따라서 우리 연구의 목적인 예술작품의 이해에도 제품의 존재는 유용한 도구가 될 수 있을 것이다.

제품성의 규명을 위해 인용된 반 고흐의 구두 그림

하이데거는 제품의 제품적 성격을 규명하기 위해 구두를 예로 든다. 누구나 구두가 무엇으로 구성되어 있는지는 잘 알고 있다. 나막신이 아니라면, 가죽으로 된 윗부분과 아랫부분의 창이 실로 꿰매어져 있을 것이다. 이 용구는 발을 감싸는 데 쓰인다. 그것을 신고 밭에서 일할 것인지, 아니면 춤을 출 것인지에 따라 소재와 형태가 달라진다. 제품의 제품적 성격은 그것의 용도 속에 있다.

그러나 용도 자체는 무엇인가? 농부의 아내는 밭에서 구두를 신고 있다. 오직 여기에서 그 구두는 진면목을 보여준다. 농부의 아내가 일하는 동안 구두를 전혀 내려다보지 않고, 그것을 의식하지 않을수록 구두는 더욱더 충실하게 제 본래의 모습이다. 제품은 가장 도구성에 충실할 때는 전혀 우리 눈에 띄지 않다가, 도구성을 상실할 때 눈에 띈다는 것을 하이데거는 『존재와 시간』에서 잘 설명한 바 있다. 중요한 것은 농부의 아내가 구두를 신고 서 있다는 사실이다. 이것이

(실체성, 인과성, 상호작용성) 4)양태(가능성, 현실성, 필연성)

구두의 진정한 용도이다. 우리가 실제적으로 제품의 성격을 만나는 것은 바로 제품의 이런 용도 안에서이다. 우리가 그냥 일반적인 구두를 오로지 상상만 하거나, 혹은 그림 속에 있는, 사용되지 않는 텅 빈 구두를 바라보기만 한다면 결코 제품의 제품적 존재를 발견하지 못할 것이다.

그런데도 하이데거는 텅 빈 구두만이 있는 반 고흐의 구두 그림을 예로 든다. 그리고 그것을 농부의 아내가 신고 있을 것이라고 상상한다. 단순히 시각적인 현실화를 용이하게 하기 위해서라고 말하고 있

반 고흐, 「세 켤레의 구두」 1886년
Oil on canvas, 49 X 72cm, Fogg Art Museum, Harvard University

지만, 이것은 그의 관심이 제품의 제품적 성격보다는 작품의 작품성의 해명에 있기 때문이라는 것을 우리는 짐작할 수 있다.

앞에서 보았듯이 반 고흐는 구두 그림을 여러 장 그렸다. 그중에서 하이데거가 언급하는 구두 그림은 아마도 암스테르담 반 고흐 미술관에 소장되어 있는 「끈 달린 낡은 구두」(Vieux souliers aux lacets, Old boots with laces)(Faille's no.225)인 듯하다. 그림에는 이 구두가 어디의 누구에게 속했는지를 말해 주는 것이 아무것도 없다. 오직 불확정의 공간만 있을 뿐이다. 밭의 흙덩이나 들판 길의 흙조차 묻어 있지 않다. 그런 것들이 있으면 최소한 그 용도를 짐작할 수 있으련만, 한 켤레의 농부의 구두, 그저 그것이 전부다. '농부의 구두'라는 단정적인 말이 나중에 샤피로와 데리다에 의해 결정적으로 반박되는 것도 무리는 아니다. 반 고흐의 구두 그림을 묘사하는 하이데거의 상상력은 그대로 한 편의 시이다.

> "닳아빠진 구두 내부의 어둠 속에서부터 노동자의 고단한 발걸음이 밖을 응시하고 있다. 딱딱하고 울퉁불퉁한 구두 안에는 황량한 바람이 휩쓸고 지나간 한없이 멀고 한없이 단조로운 밭고랑을 수도 없이 밟고 지나갔을 그녀의 강인한 발걸음이 응축되어 있다."

제품의 제품적 존재는 그것의 유용성 안에 있다. 그러나 이 유용성은 제품이 가진 본질적 성격 덕분이다. 하이데거는 이것을 신뢰성(獨 Verlasslichkeit, 佛 fiabilité, 英 reliability)이라고 불렀다. 제품의 유용성은 신뢰성의 본질적인 결과이다. 한 점의 제품은 사용되어 낡게 된다. 그러나 동시에 사용 그 자체도 폐지되고, 닳아 없어져 버린다. 따라서 제품성은 소진되어 버리고, 그 제품은 단순한 물건으로 떨어져 버린다. 그런 소진 안에서 신뢰성도 사라진다. 제품의 기본 성격이 신뢰성이라는 것을 이 과정은 잘 보여주고 있다.

신뢰성이 무엇을 의미하는가에 대해서도 논의가 분분하다. Verlasslichkeit는 프랑스어 번역판에서 solidité(내구성)로 번역되었다. 이에 대해 데리다는 현대어에서 제품의 내구성은 그 물리적 견고성, 물질적 지탱력, 형태의 보존성 등을 뜻하며, 신뢰, 신용, 믿음성 등의 관념은 별로 없다고 이를 반박했다. 그러나 어제 신고 나갔던 구두가 오늘도 뒷 굽이 단단하여 나를 넘어지지 않게 하고, 어제 썼던 진공청소기가 오늘도 기운차게 먼지를 제거하여 나를 도와줄 것이라는 그 믿음이 신뢰성이 아닐까?

제품의 신뢰성은 우리를 둘러싸고 있는 이 불안정한 세계에 안정감을 준다. 고즈넉한 제품들의 평온함은 그 신뢰성 덕분이다. 상상 속의 농부의 아내도 이 신뢰성 덕분에 대지의 말없는 호소를 알게 되었고, 자기 세계에 대해 확신을 가질 수 있었다.

세계와 대지(大地)는 그녀를 위해 존재하고, 또 그녀와 비슷한 삶을 살고 있는 주변 사람들을 위해 존재한다. 여기서 하이데거가 말하는 세계와 대지란 과연 무엇인지 짚고 넘어가야 할 것이다.

세계-대지의 하이데거적 의미

하이데거에게서 '세계'는 세계-내-존재 혹은 생활세계와 같은 기본 개념으로 우리에게 이미 잘 알려져 있다. 그는 『존재와 시간』 14-18절에서 "현존재(Dasein)가 도구, 자연의 사물 그리고 다른 인간적인 것들과 함께 세계-내-존재로서 체험하는 의미 있는 관계들의 총체"를 '세계'라고 정의했다. 다시 말해서, 세계는 그 안에서 인간의 체험이 일상적으로 움직이고 있는 낯익은 지평이다. 이처럼 '세계'가 우리에게 익숙한 개념인 데 반해, '대지'는 하이데거 자신이 따로 설명한 적이 없어 우리를 매우 당황하게 한다.

하이데거는 1934-35년 프라이부르 대학에서 횔데를린의 시 「게르마니아」와 「라인강」에 대해 강의했는데, 이 두 시에 '대지'라는 말이 여러 번 나온다. 그런 의미에서 횔데를린의 시적 근원인 호머의 찬가 「모든 것의 어머니 대지에게」는 하이데거의 '대지' 개념을 이해하는 데 좋은 단서가 될 수 있을 것이다.

> 가이아! 모든 것의 어머니를 노래하리니!
> 땅 위의 모든 것에 자양분을 주는 경애하는 대지여.
> 성스러운 땅이나 바다를 건너가는 모든 것,
> 또는 공기 속으로 치솟아 올라가는 모든 것이 그대의 분배물을 즐기고
> 있나니.

그대로부터 맛있는 과일과 모든 소출이 싹터 나오네.

부인이여, 그대는 유한한 인간에게 생명을 주고

또 그것을 빼앗을 힘을 가졌나니. 그러나 그대의 가슴 속에

안겨 있는 사람들은 행복하도다.

그들에게는 모든 것이 풍족하게 주어졌으니.

들판은 생명을 주는 자양분으로 비옥해지고,

목초지의 양떼들은 번식하여 수를 늘리고,

집들은 호사스러운 물건들로 가득 차 있네.

정의와 법이 도시를 지배하고,

아름다운 여성들은 충족과 부로 축복받았네.

어린이들은 청춘과 기쁨으로 빛나고,

유쾌한 소녀들은 손에 가득 꽃을 쥔 채 춤추고 있네.

초원의 꽃 양탄자 위를 깡총거리고 뛰면서.

그대의 종(從)들은 이렇게 기쁨을 향유하고 있네.

숭고한 여신이여! 너그러운 신성이여!

하지만 우리가 낭만주의 문학의 영원한 원천이라고 생각하는 어머니 대지로서의 대자연이 하이데거의 '대지'라고 생각하는 것은 큰 오산이다. 문제는 그리 간단하지 않다. 그의 '대지' 개념은 모호하고, 불분명하며, 신비주의적이기까지 하다. 예컨대 "작품이 그 안으로 후퇴해 들어가, 이 후퇴 안에서 그것을 앞으로 끌어내는, 그것을 우

리는 대지라고 불렀다. 대지는 앞으로 나타나고 동시에 숨는 어떤 것이다"라거나 "작품은 대지 자체를 세계의 열린 공간 안으로 옮겨와, 거기에 머물게 한다. 작품은 대지를 대지이게 만든다"라는 문장에서 우리의 편안한 상식은 갑자기 뒤통수를 맞은 듯한 충격을 받게 된다.

하이데거에 의하면 예술작품은 우선 세계의 설치(獨 Stiftung, 佛 installation, mise en place, 英 setting up)이다. 그렇다면 세계란 무엇인가? 그것은 단순히 우리 앞에 세워져 우리 눈에 보이는 대상이 아니다. 다시 말해 단순히 그것에 대해 우리가 주체인 그러한 객관적 대상이 아니다. 하나의 인간 주위에 고여 있고 어리어 있는 물리적·심리적 공간, 그것이 세계이다. 우리는 모두 각자의 세계를 가지고 있다. 하나의 돌에는 세계가 없다. 식물도 동물도 세계를 갖고 있지 않다. 오로지 인간만이 세계를 갖고 있다. 그리고 여기에 덧붙여 예술작품 또한 세계를 갖고 있다.

소설을 읽을 때 우리는 그 안에 거대한 세계가 펼쳐짐을 본다. 하나의 그림을 볼 때도 단순히 그림에 그려진 것을 넘어서 하나의 세계가 그 뒤에 서려 있음을 느낀다. 예컨대 하이데거가 반 고흐 그림의 구두 소유자로 설정한 농부의 아내는 세계를 갖고 있다. 그녀는 가시적 존재자들 사이에 살고 있고, 그녀가 소유한 제품들은 신뢰성으로 이 세계에 필연성과 친화성을 부여한다. 한 세계의 열림과 함께 모든 사물들은 망설임과 서두름, 멀리 떨어짐과 가까움, 영역과 한계를 획득한다. 세계가 형성되면서 이런 공간들이 모여드는 것이다. 작품은 작품이 됨으로써 이러한 공간을 마련하는데, 이것이 바로 '세계'이다. 작품은 하나의 세계를 일으켜 세운다. 세계의 건립은 작품다움의 두 특징 중 하나이다.

하이데거의 '대지'의 성격은 그가 작품의 작품성의 두 번째 특징으로 들었던 '대지를 가져옴'(獨 Bringen-lassen, 佛 faire venir la terre, 英 setting forth of the earth)에서 드러난다. 하나의 작품이 돌이나 금속, 물감, 언어, 음조 등 이런 저런 소재로 만들어져 물질성을 갖게 되었을 때 사람들은 이것이 창작(獨 Herstellung)되었다고 말한다. 그런데 '생산, 제조, 조립'의 뜻을 가진 독일어의 Herstellung이 영어로는 set forth로 번역되고, 프랑스어로는 faire venir로 번역된 것에 우리는 주목해야 한다. set forth는 '보이다, 진열하다, 진술하다, 밝히다, 설명하다, 발표하다, 발행하다'등의 의미를 갖고 있다. 그러니까 그것이 미술작품이라면 미술관에 진열되어 발표되었고, 책이라면 발행되어 발표된 것이다. 그 무엇이건 간에 우리 앞에 펼쳐져 보여지게 된 것이다. 작품은 이런 펼쳐 보임이 없이는 존재하지 않는다. 그러면 무엇을 우리에게 펼쳐 보이는가? 여기에서 faire venir(오게 하다)라는 프랑스어 번역이 우리의 이해를 돕는다. 작품은 저 밑바닥에 숨어있는 대지를 표면으로 오게 하는 것이다. 작품은 본질적으로 대지의 가져옴이다. 이쯤에서 우리는 대지가 작품의 질료와 관계가 있음을 감지한다. 하이데거 자신이 '질료로서의 대지'(earth as matter)라는 표현을 쓰고 있고, 작품의 '사물적 요소는 대지적 성격이다'라고 말하기도 한다. 그러나 그는 대지를 한 덩어리의 질료 개념과 연관 지어서는 안 되고, 또는 순전히 천문학적인 관념인 지구를 연상해서도 안 된다고 못을 박는다.

세계가 본질적으로 자기-개시적(開示的)인 열림이라면, 대지는 끊임없이 감추고 숨기는 자기-폐쇄성이다. 그리스인들은 일찍이 모든 사물 안에서 자체적 분출과 상승의 기운을 발견하고 그것을 피지스(physis)라고 불렀는데, 대지는 피지스의 상승이 가져갔던 모든 것을 되가져오고, 그것을 안에 품어 보호해 주는 곳이다. 상승하는 사물들 사이에서 대지는 기본적으로 숨겨 주는 보호자의 모습으로 나타난다. 그렇다면 상승이 가져갔던 것을 되가져온다는 것은 도대체 무슨 뜻인가? 그것은 작품과 질료의 관계에서 확연하게 드러난다.

제품과 작품이 각기 질료와 맺고 있는 관계를 한번 생각해 보자. 우리는 책상이 나무로 만들어져 있다거나 구두가 가죽으로 만들어져 있다는 것을 처음에 한 번쯤 눈여겨보지만, 일상적인 사용에서는 그 사실을 완전히 잊어버린다. 그것이 고장이 나 도구적 기능을 상실했을 때 비로소 나무나 플라스틱이나 가죽 같은 질료가 우리 눈에 들어온다. 그러니까 제품의 가장 제품적인 성격은 질료의 소진이다. 질료는 유용성 안에서 사라진다. 도끼라는 제품을 만들 때 사용된 철은 사용 안에서 완전히 소진되어 사라진다. 제품의 제품적 존재 안에서 사라짐에 저항하지 못할수록 질료는 더욱더 이 제품에 적당한 것이다.

반대로 작품이 세계를 설치할 때 질료는 사라지지 않는다. 신전의 화강암 혹은 사암이 그 질감과 색깔로 우리의 눈길을 끌고, 현대 건축의 녹슨 듯한 붉은 강판과 거친 질감의 회색 시멘트가 우리의 시선을 잡아끈다. 질료들은 작품 안에서 소진되어 사라지기는커녕 돌은 더욱더 돌이 되고, 금속은 빛나고 반짝이며, 물감은 타오르듯 빛나고, 음조는 노래하며, 단어들은 말한다. 이 모든 것은 작품이 돌의 단단함과 무거움, 나무의 견고함과 유연성, 금속의 딱딱함과 윤택, 물감의 엷음과 진함, 음조의 땡그렁 소리, 단어의 이름 짓는 능력 속에 들어가 자리 잡음으로써 나타난다.

사실 조각가는 석공이 하는 것과 똑같은 방식으로 돌을 사용한다. 그러나 그는 돌을 완전히 소진시키지 않는다. 작품이 실패했을 때만 그런 일이 일어난다. 화가도 페인트공과 마찬가지로 물감을 사용한다. 그러나 물감이 완전히 소진되는 방식이 아니라 오로지 그것이 앞으로 나와 빛나는 방식으로만 사용한다. 시인도 말을 사용한다. 그러나 말을 완전히 소진하는 일상적인 화자나 필자들과는 달리 말 자체가 자꾸만 우리의 눈길을 끄는 그런 방식으로 말을 사용한다.

세계가 가져갔던 것을 되가져오는 대지의 자기-폐쇄성이 바로 이것이다. 작품은 자기-폐쇄적 대지를 앞으로 끌고 나와 그 위에 열린 공간인 세계를 일으켜 세운다. 그러나 대지는 세계 안에서 소진되어 사라지는 것이 아니라 다시 자기 속으로 돌아가 스스로 대지가 된다. 세계가 스스로 개시한다면 대지는 하늘로 치솟는다. 대지는 모든 것을 간직한 것, 스스로의 법 안에 웅크리고 있는 것, 언제나 자신 안에 감싸여 있는 모습으로 있다. 간직하고 돌출시키는 대지는 스스로를 폐쇄시키고, 모든 것을 자기 법에 맡긴다. 그러나 세계는 존재자들로 하여금 그들 길의 열린 영역에 도달하도록 해준다.

여기서 세계와 대지의 투쟁이 시작된다. 세계는 대지 위에 정초해 있고, 대지는 세계를 통해 돌출한다. 대지 위에 몸을 앉힌 세계는 대지를 극복하려 사투를 벌인다. 자기-개시로서의 세계는 닫힌 그 어떤 것도 참을 수 없다. 그러나 숨기고 보호해 주는 대지는 언제나 세계를 자기 안에 끌어들여 거기에 보존한다. 세계와 대지는 언제나 내재적으로 본질적으로 갈등 관계에 있고, 호전성을 타고났다. 세계를 건립하고 대지를 표현하면서 작품은 이 열림과 감춤의 투쟁을 부추긴다. 작품의 작품다움은 세계와 대지 사이의 투쟁의 선동에 있다. 대지는 세계를 통해 돌출하고, 세계는 자신을 대지 위에 앉힌다. 그렇게 해서만 열림과 숨김 사이의 원초적 투쟁으로서의 진실이 발생하는 것이다.

균열과 형상

투쟁은 그런 목적으로 발생된 존재자* 안에서 해소되는 것이 아니고, 단순히 그 안에 들어 있기만 한 것도 아니다. 차라리 투쟁은 이 존재자에 의해 시작되는 것이다. 그러므로 이 존재자는 자기 안에 투쟁의 본질적인 특징들을 포함하고 있음에 틀림없다. 이 존재자가 다름 아닌 작품이다.

그러나 하이데거에게서 투쟁은 단순히 분열 혹은 균열이라는 부정적 의미에 한정되지 않는다. 오히려 그것은 대립하는 요소들을 서로 연결하는 친밀성으로서 기능한다. 이 균열은 대립적 요소들을 분리시키는 것이 아니라, 각기 다른 척도와 영역을 공통의 윤곽 속으로 끌어들여 통일의 근원으로 삼는다. 예컨대 회화에서 드로잉의 선묘(線描)는 균열이지만, 선의 이쪽과 저쪽을 찢어 가르는 것이 아니라 오히려 전체를 그림의 통일성 속으로 포괄한다.**

---

* 프랑스어에서 혹은 영어에서 대문자로 Etre, Being이라고 쓸 때는 '존재', 소문자 être, being은 '존재자'를 뜻한다. '존재자'는 우리가 볼 수 있고 만질 수 있는 경험적 실체인데 반해 '존재'는 그 존재자의 속에 숨어있는 '있음'이다.

** 독일어에서 der Riss는 영어로 crack(갈라진 금), tear(찢음), laceration(찢어진 틈), cleft(갈라진 틈), rift(균열)의 뜻이다. 그러나 이것은 또한 드로잉의 초안 혹은 데생이기도 하다. Riss의 동사형인 reissen은 영어의 writing과 같은 혈족이다. Der Riss는 그러니까 룬 문자처럼 베어졌거나 파여져 있는 문자이기도 하다. 여기서 하이데거는 Abriss(찢어 떼냄, 설계도), Aufriss(윤곽도, 스케치), Umriss(윤곽, 스케치), 특히 Grundriss(약도, 스케치) 등의 일련의 단어들을 사용하는데, 그것은 세계와 대지의 균열이 스케치, 윤곽, 프로필, 청사진, 혹은 초안을 방출한다는 것을 암시하기 위해서이다. 국내 번역서(예컨대 『하이데거의 예술철학』 F.W. 폰 헤르만 지음, 이기상 강태성 옮김, 문예출판사)에서는 Grundriss를 '밑바탕 균열', Aufriss를 '위 균열', Umriss를 '둘레균열'로 번역하기도 했다.

이 균열 안에 도입되어, 즉 대지 속으로 후퇴하여 제 자리를 찾아 고정된 투쟁이 바로 형상(figure, Gestalt)이다. 쉽게 말하면, 종이라는 질료 위에 새겨진 균열, 즉 선묘에서부터 어떤 형상이 떠오른다. 작품의 창조성은 진실이 형상 안에 자리 잡아 고정되는 것을 의미한다. 형상의 구조 안에 구성된 균열이 바로 진실의 형상이다.

르네상스 시대 독일 화가 알브레히트 뒤러는 "예술은 자연 안에 숨겨져 있으므로 자연으로부터 싸워서 빼내는 사람만이 그것을 가질 수 있다."***라고 말했는데, 이는 하이데거의 사상을 이미 4백 년 앞서 예고한 것이다. 여기서 '싸우다'라는 것은 균열로부터 진실을 끄집어 낸다는 뜻으로, 즉 화판 위에 드로잉 펜으로 스케치를 한다는 의미이기도 하다.

한편, 하나의 작품에서 세계는 형식이나 서사(敍事)와 관련되고, 대지는 질료와 연관된다는 인상을 흔히 받지만, 나는 세계가 작품 주변에 펼쳐진 아우라와도 같은 추상적 공간이며, 대지는 단순한 질료를 넘어 모든 사물이 가진 상승의 기운으로 이해하는 편이 적절하다고 생각해 보았다.

하지만 이처럼 거대한 '세계와 대지의 투쟁'이라는 이론이 결국 회화의 선묘라는 균열에 귀결될 때, 우리는 언어가 지닌 다의성과 언어유희의 재치에 감탄함과 동시에 약간의 허탈함을 느끼지 않을 수 없다.

*** "L'origine de l'oeuvre d'art", p.79. 이 인용문의 원전은 알브레히트 뒤러의『인간 비례론』(Four Books on Human Proportions, 1528년)이다.

존재폭로*

세계와 대지의 투쟁에서 존재폭로 혹은 진실**이 획득된다고 하이데거는 말한다. 우선 진실이란 무엇인가? 상식적으로 우리는 진실을 지식과 사물의 일치로 생각한다. 예컨대 '공기 중에도 산화되지 않으며 유황에 닿아도 색이 변하지 않고…' 등의 성질을 묘사한 명제와 지금 눈앞에 있는 실체적 사물이 정확히 일치했을 때, 우리는 그것을 진짜 금이라고 한다. 이때 금의 진실은 '금'에 대한 지식과 여기 우리 앞에 놓여 있는 황색의 사물과의 부합이다.

이처럼 명제와 지식이 사물에 부합하려면 사물은 이미 지금 그러한 바의 것으로 자신을 드러내 보이고 있어야 한다. 진짜 금에 대한 묘사는 애초에 실제로 존재했던, 그리고 지금도 존재하는 한 사물로서의 금에 대한 묘사이기 때문이다. 한 명제의 정확성(진실)을 이해하

* 독일어의 verbergen(또는 verborgen)은 '은폐하다', '은닉하다'라는 뜻이고, 그것의 명사형인 Verborgenheit에 부정의 접두사 un을 붙인 Unverborgenheit는 프랑스어로는 dévoilement 혹은 être à découvert, 영어로는 unconcealment로 번역된다. 한국어로는 '비은폐성'(『존재와 시간』용어해설, 이기상 구연상 지음, 까치글방)으로 번역되었으나, '비은폐성'에서는 좀 더 정적인 상태가 느껴지고, "존재를 드러낸다"는 적극적인 의미가 반영되어 있지 않은 듯하여 '존재폭로'라고 번역했다.

** 독일어의 Wahrheit, 프랑스어의 vérité, 영어의 truth를 한국에서는 '진리', '진실'로 나누어 번역한다. 예컨대 "대학은 진리의 전당"이라든가 "진리가 너희를 자유롭게 하리라" 같은 경구에서는 '진리'로 쓰고, "이 사건의 진실이 무엇이냐?"라고 할 때는 '진실'로 쓴다. 서양의 동일한 단어가 우리말로 번역될 때 철학용어와 일상 언어로 이원화되는 과정에서 한국의 철학이 일반인에게 접근이 불가능할 정도로 난해하게 되었다고 나는 생각한다. 내가 '진리'를 '진실'로 바꿔 쓴 이유이다.

고 증명하기 위해서는 이미 명백한 어떤 것으로 되돌아가야만 한다. 그런데 그 명백한 어떤 것은 오로지 폭로에 의해서만 자신의 모습을 드러낸다. 그러므로 진실이 있기 위해서는 자신을 드러내는 존재자의 선행이 필수적이다.

그렇다면 폭로로서의 진실은 어떻게 발생하는가? 우선 폭로 그 자체가 무엇인지를 좀 더 분명하게 말해야만 한다.

사물들은 있다. 인간 존재도, 선물도, 제물도 있다. 동물, 식물도 있다. 제품과 작품도 있다. 이것들이 존재자이다. 존재자 안에는 인간이 정복할 수 없는 많은 것이 있다. 알려진 것은 아주 조금밖에 없고, 알려진 것도 부정확하며, 정복된 것도 불안정하다. 존재자들은 우리가 만든 것이 아니고, 단순히 우리의 표상도 아니다.

그러나 존재자 너머로 언제나 무언가 다른 것이 발생한다. 전체로서의 존재자 한가운데에 열린 공간이 발생한다. 무언가 깨끗이 벗겨지는 부분이 있다. 이것이 하이데거가 '존재'를 설명하는 은유적 방식인 그 유명한 존재 개시(開示)이다.*** 이 환하게 열린 것 안에 있을 때만 존재자들은 존재자일 수 있다. 이 열린 공간만이 우리 인간에게 우리 아닌 존재자에게로 가는 통로와 우리 자신의 존재에 대한 접근

***   존재개시(存在開示)는 독일어로 Lichtung des Seins, 프랑스어로 éclaircie de l'Être, 영어로 clearing of Being인데, 여기서 Lichtung, éclaircie, clearing은 (구름 따위가) 일부 걷히기, 혹은 숲속의 빈터라는 뜻이다.

을 허용하고 보장해준다. 이 환하게 열린 공간, 거기에 서 있는 존재가 바로 현존재(Dasein)이다. 하이데거 고유의 실존 개념이기도 하다. 이 열린 공간 덕분에 존재자들은 각기 다른 수준으로 폭로된다. 그러나 하나의 존재는 또한 이 열림의 영역 안에서만 은닉될 수 있다. 우리가 만나는 모든 존재자는 이와 같은 상반된 나타남을 고수한다. 존재자를 드러내 주는 열린 공간은 동시에 숨김이기도 하다.

그런데 폭로(진실)는 사물의 속성을 가진 것도 아니고, 하나의 명제도 아니다. 존재자의 폭로는 어떤 실체가 아니라 하나의 해프닝이다. 따라서 진실은 해프닝으로서의 순수한 폭로에 다름 아니다. 쉽게 말하면 폭로하는 과정이 진실이고, 진실의 본질은 언제나 무엇을 은닉하고 있는 것이므로, 그 과정을 철저히 완수하여 모든 것을 드러내면 그것은 더 이상 진실이 아니다. 이중의 숨김의 형태를 띤 폭로, 그것이 진실의 본질이다. 그런 의미에서 진실은 본질적으로 비-진실이다.

'진실의 본질은 비-진실이다'라는 명제는 진실의 바탕이 허위라는 뜻이 아니다. 또한 진실을 변증법적 관점에서 반대 개념으로 보는 것도 아니다. 진실의 본질은 그 내부에 열린 중심이 형성되고, 그 안에 존재자들이 자리하며, 그 존재자들이 자기 속으로 후퇴하는 원초적 투쟁에 있다. 대지는 세계를 통해 돌출하고, 세계는 자신을 대지 위에 앉힌다. 이로써 열림과 숨김 사이에서 원초적 투쟁으로서의 진실이 발생하는 것이다.

예술작품의 진실

하이데거가 제품의 제품적 성격을 깨닫게 된 계기는 반 고흐의 구두 그림을 통해서였다. 이는 실제로 현존하는 한 켤레의 구두를 묘사하거나 설명함으로써 얻어진 깨달음이 아니었으며, 구두를 만드는 과정에 대한 보고서나 여러 곳에서 관찰한 신발의 실제적 사용을 통해서도 아니었다. 오직 반 고흐의 그림 앞에 자신을 세움으로써 비로소 그것을 발견한 것이다. 반 고흐의 그림은 제품이 무엇인지, 한 켤레의 농부 구두가 진실로 무엇인지를 그에게 폭로해 주었다. 구두라는 존재가 그 '존재'의 드러냄 안에서 솟아 오른 것이다.

존재자들의 진실이 작동하기 시작하는 그 순간, 바로 하이데거가 사유하는 예술의 본질이 출현한다. 예술은 스스로 작동을 시작하는 진실이다. 그러나 이 명제는 예술이 현실의 어떤 구체적인 대상의 모방이나 묘사라는 뜻이 아니다. 우리는 오랫동안 진실의 본질을 존재하는 어떤 것과의 일치, 즉 부합이라 생각해 왔다. 손에 닿는 어떤 것을 재생시키려면 그 실체와 부합해야 했으며, 중세에는 이를 '합치(adaequatio)'라 하였고, 아리스토텔레스 또한 동질성(homoinosis)을 논했다.

그렇다면 반 고흐의 그림이 어딘가 근처에 있는 농부의 신발을 충실히 묘사했기에 훌륭한 예술작품이라고 하이데거가 판단하는가? 결코 그렇지 않다. 존재폭로에서의 진실이 통상적 의미의 진실과 다르듯, 예술작품 속 진실 역시 단순한 재현의 의미가 아니다.

하이데거에게 있어서 작품은 진실이 발생하는 한 방식이다. 작품이 세계를 설정하고 대지를 나타냄으로써 투쟁을 선동한다는 것을 우리는 앞에서 확인한 바 있다. 이 투쟁의 선동 안에서 존재 폭로 전체 혹은 진실이 획득된다. 이제 우리는 우리의 목표인 예술 작품의 진실에 한 발짝 가까이 다가섰다. 진실은 세계와 대지의 대립 속에서 걷힘과 숨김 사이의 투쟁으로서만 발생한다.

그러니까 예술작품 안에서 존재자들의 진실이 활동에 착수한다. '착수하다'는 여기서 '가져와 세우다'의 뜻이다. 어떤 특정의 존재, 한 켤레의 농부의 신발이 작품 속에 들어와 '존재'의 빛 안에 서게 되었다. 존재자들의 '존재'가 그것의 항구적 빛 안으로 들어왔다.

그렇다면 예술작품이 보여주는 진실이란 도대체 무엇인가? 예술작품은 존재자의 '존재'를 자기 스스로의 방식으로 절개해 보여준다. 이 절개, 이 드러냄, 이것이 바로 작품 안에서 발생하는 진실이다. 이 열린 영역은 존재자들의 한가운데에서 발생한다. 이 열린 영역에 세계와 대지가 속해 있다. 그러나 세계는 단순히 벗겨짐과 일치하는 열린 영역이 아니고, 대지는 단순히 숨김과 일치하는 폐쇄된 영역이 아니다. 세계와 대지는 언제나 내재적으로 본질적인 갈등 관계에 있고, 호전성을 타고났다. 오로지 그런 모습으로만 그것들은 열림과 감춤의 투쟁 안으로 들어간다.

이런 식으로 반 고흐의 그림에서 진실이 발생한다. 이것은 우리 주변의 어떤 것이 정확하게 그려졌다는 의미가 아니라 구두라는 제품적 존재의 폭로 안에서 존재자 전체가 폭로에 도달했다는 의미이다. 그러므로 작품 안에서 작동하는 것은 단순히 진실된 어떤 것이 아니라 진실 그 자체이다.

그러니까 하이데거는 한 작품의 존재 폭로가 개별 작품의 존재자를 넘어서서 모든 존재자의 폭로에까지 이른다고 주장한다. 농부의 구두를 보여주는 그림, 로마의 분수를 말하는 시는 단순히 이 개별 존재자들의 있는 그대로의 모습만을 드러내 보여주는 것이 아니라 전체로서의 존재자에 대한 폭로라는 것이다. 그러니까 구두의 본질이 좀 더 단순하고 근본적으로 부각되면 될수록 모든 존재자는 좀 더 직접적으로 높은 존재의 단계에 도달하게 된다. 마치 어두운 방 안에 불을 켰을 때 갑자기 번쩍하고 방 안의 모든 사물이 빛 속에서 모습을 드러내는 것과 같다. 자기-은닉적 '존재'가 깨끗이 벗겨지는 방식이 바로 이런 것이다. 이 존재의 빛이 작품에 광채를 더해준다. 작품에 더해진 이 광채가 바로 아름다움이라고 하이데거는 말한다. 그에게 있어서 아름다움은 폭로로서의 진실이 근본적으로 발생하는 방식이다.

숨길 때만 드러나는 미의 본질

긴 여정을 통해 하이데거는 예술작품의 진실이 존재 폭로라는 결론에 이르렀다. 망각 속에 떨어진 존재의 기원을 찾아 그 진실을 드러내는 존재 폭로는 하이데거가 일생동안 추구했던 철학적 테마이기도 하다. 진실은 진실 자체에 의해 열려진 공간 안에 자신을 정립시킴으로써 발생한다. 진실은 숨김과 걷힘의 대립이다. 그러나 진실은 어떤 실체적 사물이 아니다. 숲속의 빈터처럼 혹은 구름 사이에 뚫린 하늘처럼 깨끗이 치워진 열린 공간에 존재의 빛이 쏟아져 들어와 존재자들이 모습을 드러내는 것, 이것이 바로 존재 개시(開示)이며, 이것이 다름 아닌 진실의 발생이다. 그런데 진실이 자기가 연 존재자들 사이에 정착하는 방식들 중 가장 중요한 방식이 작품 속에 자신을 정착하는 것이다. 창작은 바로 이런 존재 개시를 가져오는 행위이다. 결국 하이데거는 철학과 함께 예술이 존재의 진실을 드러내는 가장 좋은 방법임을 역설하고 있는 것이다.

진실은 세계와 대지의 대립 속에서 드러냄과 감춤의 투쟁으로서만 발생하는데, 그것이 다름 아닌 작품이다. 한 마디로 예술은 '진실의 작품-속-자리잡음'(英 setting-into-work of truth, 佛 mise en œuvre de la vérité)이다. 이 명제에서 진실은 자리잡기의 주체이며 동시에 객체이다. 작품 안에서 진실은 스스로 자리를 잡는다. 그러나 또한 예술은 작품 안에 진실을 발생시킨다. 예술은 작품 안에서 존재의 진실로 껑충 뛰어오를 수 있는 일종의 스프링이다. 껑충 뛰어오름으로 뭔가를 발생시키는 것, 어떤 것을 도약에 의해 그 근본적 근원으로부터 빼내어 존재자 속으로 들여보내는 것, 이것이 바로 기원(佛 origine, 獨 Ursprung)의 의미이다.

이제 예술작품의 본질에 대한 하이데거의 물음이 명확한 답변에 도달했다. 예술작품의 기원은 예술이다. 예술은 진실이 존재자 안으로 들어오는 확연한 방법이며, 진실이 역사적으로 되는 특이한 길이다. 그러나 이때 하이데거가 말하는 진실은 일반적으로 미(美), 선(善)과 구분되는 진(眞)이 아니고, 인식 혹은 진리로서의 과학과 일치하는 것도 아니며, 예술에서의 재현 이론도 아니다. 진실은 존재자가 존재자로서 폭로되는 것이다. 다시 말해 진실은 존재의 진실이다. 그런데 미는 이 진실로부터 유리되어 발생되지 않는다는 것이 하이데거의 생각이다. 진실이 작품 안에 자리를 잡을 때 미는 나타나고, 이 나타남이 바로 아름다움이라는 것이다.

하이데거가 말하는 진실은 우리가 흔히 '진짜'라고 말할 때의 사실 부합성이 아니고, 사물적인 실체도 아니며 다만 찢어지듯 순간적으로 열린 공간에서 존재가 드러나는 과정, 즉 존재폭로이다. 그가 말하는 존재 폭로로서의 진실은 상식적인 단어의 뜻과 너무 멀어서 이해하기가 쉽지 않다. 더군다나 진실은 폭로되지 않고 설명되지 않을 때만 자신의 모습을 드러낸다는 말에서는 어떤 신비주의의 느낌마저 든다.

그러나 하이데거가 예술을 세계와 대지의 투쟁이라고 규정하고, 대지의 성격을 '본질적으로 폭로될 수 없고, 모든 폭로로부터 몸을 움츠려 항상 자신을 숨길 때만 지각되고 보존되고 환하게 자신을 드러내는' 것이라고 말했을 때 우리는 거기에서 이성으로 환원될 수 없는 미의 본질을 본다.

예컨대 우리가 돌의 무거움이라는 진실을 알기 위해 그것을 저울에 달아보면 돌의 정확한 무게는 숫자로 남지만 우리가 몸으로 느꼈던 무게의 묵직함은 이미 우리에게서 도망치고 없다. 아름답게 빛나는 색깔을 파장의 계산이라는 과학적인 용어로 분석해 보면 광학적인 지식과 숫자는 남을지언정 우리를 감동시켰던 빛나는 광채는 사라지고 만다. 예술도 마찬가지다. 예술작품의 모든 요소를 분석과 계량에 의해 철저히 설명해 보았자 거기에는 몇 가지 개념의 형해(形骸)만 남을 뿐 최초의 감동은 사라져 없어진다는 것을 우리도 자주 경험하고 있다. 감동적인 예술작품에 대한 평을 읽으며 그것이 아무리 정확하게 작품을 분석했다 하더라도 나의 원초적 감동을 살려내지는 못한다고 느낄 때 우리는 하이데거의 '진실'의 개념을 직관적으로 이해할 수 있다.

그러므로 '진실은 본질적으로 비-진실이다'라는 그의 명제는 예술에도 그대로 적용되는 듯하다. 진실이란 순수한 폭로의 과정이어서 남김없이 다 폭로하고 나면 더 이상 진실이 아니듯이 예술도 예술의 과정일 뿐 그것을 남김없이 다 까발리고 나면 거기에 더 이상 예술은 없는 것이 아닐까?

하이데거의 예술론에서 또 한 번 정곡을 찌르는 것은 예술작품의 비일상성이라는 측면이다. 감동적인 영화를 보았을 때 혹은 교향악의 어떤 선율이 가슴을 칠 때 우리는 갑자기 현실 속의 모든 일상사가 시시하고 부질없다는 느낌을 갖는다. 진한 예술적 감동의 순간은 낯익은 주위의 일상적 사물들이 갑자기 낯설어지고, 이때까지 중요하던 모든 일들이 갑자기 하찮아지는 그런 순간이다. 하이데거 식으로 말하자면 그것은 존재의 열림 안에서 진실이 자리 잡는 순간이다. 거기서 드러나는 것이 진실이므로 이때까지 진실로 알고 있던 모든 일상적인 것들이 비존재가 되는 것은 당연한 일이다.

하이데거의 기원으로서의 반 고흐

하이데거는 예술작품의 진실이 무엇인지를 규명하기 위해 반 고흐의 구두 그림을 예로 들었다. 착용자의 고단한 삶과 노동이 각인된 찌그러지고 망가진 낡은 구두를 통해 그는 예술작품이 단순한 제품적 성격을 넘어 존재의 진실을 드러내 준다는 것을 해명하였다. 그는 또 예술작품이란 존재의 진실로 껑충 뛰어오르기 위한 스프링 또는 발판이라고 말하였다. 그렇다면 하이데거가 존재 폭로를 규명하기 위해 선택한 발판, 용수철 혹은 기원은 반 고흐인 셈이다.

그런데 왜 하필이면 그는 수많은 그림 중에서 별로 사람들의 관심도 끌지 못할 볼품없는 구두 그림을 도약대로 삼았을까? 그 자신의 말대로 그저 단순히 제품의 제품성을 설명하기 위해 우리 주변의 물건 중 구두를 예로 들었고, 그것을 시각화하기 위해 우연히 그런 그림을 많이 그린 반 고흐의 구두 그림을 선택한 것일까?

구두 그림을 묘사하며 하이데거가 쓰고 있는 '노동자의 고단한 발걸음'이니 '들판 길의 고독', '대지의 말 없는 부름' 또는 '바람 부는 텅 빈 밭의 황량함' 같은 구절들은 구두 한 켤레에 대한 묘사라기보다는 반 고흐가 밭에서 일하는 농부들을 그린 수많은 농촌 그림들의 분위기와 더욱 잘 어울린다. 반 고흐가 농부, 광부, 방직공 등 가난한 사람들에게 얼마나 깊은 애정을 갖고 있었고, 그들이 힘들게 일하는 현장을 얼마나 사실적으로 강렬하게 그렸는지를 모르는 사람이라면 단순한 구두 한 켤레의 그림에 대한 하이데거의 묘사를 도저히 이해하지 못할 것이다. 하이데거는 반 고흐의 구두 그림 한 장을 보면서 그의 작품 전체를 아니 그의 삶 전체를 떠올렸던 것이다.

『예술작품의 기원』만이 아니라 『형이상학 입문』에서도 하이데거는 반 고흐 또는 북구의 소설가 크누트 함순을 인용하며 쓸쓸한 들판 길의 농촌을 정감 있게 묘사하고 있다. 그러니까 농부 혹은 노동자에 대한 친밀감과 촌락 공동체에 대한 향수, 그리고 대지와 노동의 가치에 대한 공감이 철학자와 화가를 한데 묶는 끈이었다. 하이데거가 반 고흐의 그림을 예로 든 것은 결코 우연이 아니었다.

그러나 그렇다 하더라도 반 고흐의 농촌 그림 계열 중에서 오지그릇이나 물병 혹은 램프가 아니고 왜 하필이면 구두를 택했는가? 그리고 반 고흐는 또 왜 그렇게 강박적으로 구두 그림을 그렸던 것일까?

구두에는 뭔가 특별한 것이 있다. 구두는 그 구두를 신는 사람의 모습을 그대로 닮은, 가장 인간화된 사물이다. 높고 뾰족한 굽의 하이힐에서 우리는 화려한 여인을 떠올리고, 때가 잔뜩 낀 주름진 구두에서는 고단한 삶의 노동자를 떠올린다. 내가 벗어 놓은, 내 발 모양을 닮은, 깊게 주름진 내 구두는 그대로 내 삶의 은유이며 환유가 아니겠는가? 그래서 우리의 관심은 자연스럽게 구두와 인문학의 관계로 이어진다.

2. 구두의 인문학
– 하이데거와 데리다를 잇는 철학의 구두끈

구두의 성적 상징성

하이데거 같은 대철학자가 구두에 집중적으로 관심을 표했고, 샤피로 같은 미술사학자가 그에 대한 반론을 제기했으며, 데리다 같은 후기 구조주의 철학자가 삼각형의 꼭짓점을 완성하며 구두 논쟁에 뛰어든 것을 보면 구두에는 뭔가 특별한 것이 있음에 틀림없다. 구두는 우리 몸에 부착시키는 의류 중에서 착용자의 존재를 가장 잘 드러내 보여주는 제품이라는 점에서 엄청난 상징성을 지니고 있다. 그 상징적 의미는 인류사의 원형인 옛날이야기 속에 이미 들어 있다. 신데렐라 이야기가 그것이다.

계모의 학대를 받던 누더기 소녀가 일약 왕자와 결혼하여 신분 상승을 이룬다는 이야기는 조금씩 다르게 어느 나라에나 전해 내려오고 있다. 우리나라의 것은 콩쥐 팥쥐 이야기이다. 민담학자들이 밝혀냈듯이 모든 민족이 비슷한 옛날이야기를 갖고 있는데, 그중에서 신데렐라 이야기가 가장 매혹적인 것은 투명하고 깨지기 쉽고 도저히 신을 수 없는 유리 구두의 기발한 이미지 때문이었다.

프랑스에서 원래 전해 내려오는 이야기 속에서는 은회색의 다람쥐 모피 구두(pantoufle de vair)였는데, 17세기에 샤를르 페로가 민담을 채취하여 쓰는 과정에서 발음이 같은 유리 구두(pantoufle de verre)로 되었다는 설이 있다. 그러나 중국판 신데렐라 이야기에서 신발이 금 구두로 되어 있는 것은 어떻게 설명해야 할까? 신축성이 없다는 것, 그리하여 오로지 유일하게 한 사람에게만 맞게 되어 있다는 점에서 프랑스의 유리 구두와 중국의 금 구두는 성질이 일치한다. 그리고 보면 유리 구두는 다람쥐 모피 구두의 오기가 아니라 작가의 의도적 설정일 가능성이 높다.

신발이란 신체의 일부분이 미끄러져 들어가 그 안에서 탄력적으로 감싸지는 작은 용기라는 점에서 여성의 성기를 상징한다. 유리는 쉽게 깨어지는 것이기 때문에 유리구두가 처녀막 혹은 순결의 상징이라는 것이 자연스럽게 유도된다. 무도회의 끝 무렵, 왕자가 신데렐라를 잡으려 하는 순간 신발 한 짝을 잃어버린다는 설정은 그것이 처녀성의 이미지라는 것을 더욱 강하게 상기시킨다. 게르만 민족들은 결혼을 약속한 처녀에게 남자가 약혼의 징표로 신발을 주었다고 한다.

신발의 성적 연관성을 가장 강력하게 언급한 사람은 프로이트였다. 그는 발 혹은 신발이 여성 혹은 어머니의 남근의 대체물로서의 페티시(fetish)라는 것을 『페티시즘 론』(1927)에서 밝혔다. 그에 의하면 페티시는 절편음란증(節片淫亂症) 환자(fetishist)의 어린 시절에 극히 중요한 역할을 수행했다가 나중에 상실되어 버린 아주 특별하고 구체적인 남근의 대체물이다.

세상에 나와서 처음으로 여자의 성기를 본 남자아이는 여성이 자신처럼 남근을 소유하지 않는다는 사실을 쉽게 인정하려 하지 않는다. 여성의 생식기를 보면서 거세 불안을 느끼지 않는 남성은 거의 없다고 한다. 절대 그럴 리가 없으며, 아마도 여성은 거세를 당했을 것이라 생각하고, 자신의 남근도 위험에 처할지 모른다는 공포감과 불안감이 들기 시작한다. 이것이 거세 공포증이다. 한편, 여자아이들은 자신들에게도 원래 남근이 있었으나 나중에 거세되었다고 생각하고 남근을 선망한다. 이것 또한 일종의 거세 공포증이다.

샤를르 페로의 것을 제외한 다른 나라의 신데렐라 버전들은 모두 유리 구두가 아니라 가죽 구두이고, 의붓 언니들이 구두에 발을 맞추기 위해 발을 자르는 것으로 되어 있다. 이것은 여자아이들의 거세 공포가 반영된 것이라고 옛날이야기를 정신분석학적으로 분석한 브루노 베틀하임은 말한다. 이때 발은 남근의 상징이다.

어쩔 수 없는 사실 인정의 중압감과 이에 대한 거부감 사이의 갈등 속에서 무의식적인 타협이 이루어진다. 여성에게는 남근이 있지만 그러나 그것은 그전에 자신이 알던 남근과는 다른 종류라는 생각을 하게 된다. 이 과정에서 뭔가 다른 어떤 것이 여성의 남근 자리를 대신하는 대체물로 정해지는데, 이 대체물이 여성의 남근으로 향하던 관심과 흥미까지도 이어받게 된다. 그것이 페티시이다.

예컨대 발이나 신발을 페티시로 택한 환자는 호기심 많던 어린 시절에 여성의 성기를 여성의 발치 쪽에서, 즉 무릎 아래쪽에서 몰래 훔쳐본 경험이 있는 사람인 경우가 많다. 또 모피나 우단을 선택한 경우에는 여성의 음모가 자신이 갈망하던 여성의 모습과 합쳐져서 고착된 것이다. 페티시로 가장 흔하게 선택되는 여성 속옷의 경우는 여성들이 옷을 벗는 순간의 광경이 결정화된 것이다.

　초기의 프로이트에게 있어서 심리적 안정감을 주는 대체물로서의 구두는 비록 여성의 페니스이기는 하지만 어디까지나 페니스라는 점에서 남성적이다. 그것은 분리가 가능하고 다시 붙일 수도 있는 보철(補綴)의 한 형식이다. 그는 남성성과 여성성을 동시에 갖고 있는 상징은 있을 수 없다고 생각했다. 예컨대 길고 단단한 물체(무기 같은 것)는 결코 여성의 성기를 상징할 수 없고, 우묵한 물체들(케이스, 상자, 작은 궤짝)은 남성의 성기를 상징할 수 없다는 식으로 말이다. 그러나 그는 곧 양성적 상징화가 억누를 길 없는 경향이며, 그것은 성의 차이를 알지 못하던 유년으로 거슬러 올라가는 회귀적 경향이라는 것을 인정했다. 『꿈의 분석』에서 앞서의 『페티시즘론』과는 달리 구두와 슬리퍼를 여성 성기의 상징으로 분류한 것이다. 마치 장갑처럼 신발이 어느 때는 발의 볼록한(penis) 모양을 하고, 또 어느 때는 발을 감싸는 오목한(vagin) 모양을 띠기 때문인 듯하다.

화가들의 구두 그림

1) 초현실주의와 팝아트 화가들의 그림

정신분석의 시각적 적용이라 해도 무방할 정도로 1920~1930년대의 초현실주의는 프로이트의 영향을 많이 받았다. 인간 무의식의 탐색이라는 점에서도 그렇고, 모든 심리적 억압을 성의 문제로 귀결시키는 성적 환원주의에서도 그러하다. 그들이 구두 그림을 즐겨 그린 것은 프로이트의 페티시 이론과 결코 무관하지 않을 것이다.

하나하나는 지극히 상식적인 사물이지만 한데 합치면 기괴한 효과를 내는 독특한 그림의 화가 마그리트는 유난히 신발 그림을 많이 그렸다. 반 고흐처럼 구두만을 모델로 해서 그린 그림도 여러 장이 있다. 그러나 고흐와는 달리 마그리트의 구두는 사실적인 구두가 아니라 초현실적인 구두이다.

「빨간 모델」(1937)은 발가락과 바닥은 사람의 발인데 발목 부분으로 올라가면 끈 달린 구두가 되는 기괴한 한 켤레의 구두이다. 글자 그대로 우리말의 신발인 셈이다. 텅 빈 끈이 풀려져 있는 이 낡은 구두를 영국의 두 정신분석학자는 '거세의 사례'라고 분석했다.

「침실 안의 철학」(1947)에서 탁자 위에 놓인 하이힐의 앞부분은 역시 인체의 발가락이고, 벽에 걸린 나이트 가운에는 실제 여인의 젖가슴이 달려 있다. 「진실의 샘」(1963)은 외짝의 신사 구두 위에 양복바지가 종

아리에서 끊겨져 있고, 몸의 나머지 부분은 없다. 「꿈의 해석」(1930)에서의 검은 하이힐은 이례적으로 정상적인 구두이지만 한 짝만 있고, 그림 밑에 '달(la lune)'이라고 써 놓은 것이 뭔가 심상치 않다.

　미로의 「낡은 구두가 있는 정물화(Nature morte au vieux soulier)」(1937)는 사이키델릭 조명 같은 화려한 색깔과 불길하게 어두운 검은색이 아메바 같은 무정형의 형태들로 뒤엉켜 있는데, 자세히 보면 렌트겐 선으로 투시된 듯한 화려한 색깔의 끈 달린 구두 한 짝이 식탁 위에 놓여 있다.

　가장 미국적인 예술사조인 팝아트의 화가들도 구두 그림을 자주 그렸다. 독일 태생의 미국인 화가 린드너의 「구두」에는 넥타이 맨 남

미로의 「낡은 구두가 있는 정물화」 1937년
The Museum of Modern Arts, New York

자의 가슴 앞에 광택이 나는 굽 높은 검정 하이힐 한 짝이 그려져 있다. 역시 팝아트 화가인 이탈리아의 발레리오 아다미에게서도 평범하지 않은 구두 그림이 보인다. 초현실주의건 팝아트이건 모두 켤레가 아니라 한 짝의 구두라는 것이 특이하다. 신발은 두 짝이 있어야 제 기능을 하는데 그것이 한 짝만 그려졌다는 것은 이미 상식적인 유용성의 세계에서 벗어났음을 의미한다. 그것은 더 이상 쓸모 있는 제품으로서의 구두가 아니라 정신분석학적 분석의 대상이 된 심리적 구두이다.

2) 반 아이크의 「아르놀피니의 혼약」

그림 속 신발의 상징성은 근대의 발명품인 정신분석학이 태어나기 이전과 이후가 결코 같을 수 없다. 중세나 르네상스 시대의 그림에서 신발은 무의식이 아니라 종교적인 상징이다. 그런 점에서 반 아이크(15세기 네덜란드 화가)의 「아르놀피니(Arnolfini)의 혼약」은 매우 흥미롭다. 여기서 신발의 위치는 수수께끼와도 같다.

신혼부부가 손을 잡고 혼인을 서약하는 이 그림은 당시의 네덜란드 생활상을 처음으로 화폭에 옮겨 놓은 사실주의적 작품으로 유명하다. 네덜란드의 브뤼헤에 정착한 이탈리아의 부유한 금융업자 조반니 아르놀피니의 결혼식을 그린 이 그림은 우리가 마치 아르놀피니 가정에 들어와 있는 듯한 느낌을 준다. 오늘날의 사진과 비교해도 손색이 없다. 종교적인 열정만이 아니라 일상 용품을 통해 가정의 따뜻한 실내를 표현한 화가의 시도는 종교화 일색이었던 미술사의 흐름에 커다란 충격이었고, 이것이 나중에 17세기 네덜란드의 풍속화로 이어졌을 것이다.

다소곳한 얼굴의 신부는 오른손을 신랑의 왼손에 얹고, 신랑은 이제 막 신부의 왼손을 잡으려는 듯 오른손을 들고 있다. 신부의 머리에 얹은 흰색 베일의 레이스가 섬세하고, 초록색 가운에 덧댄 모피의 털이 손으로 부드럽게 만져질 듯 세밀하다. 바닥에 깔린 카펫의 무늬도 선명하고, 진홍색의 커튼이 드리워진 침대 기둥에는 솔이 하나 걸려 있다. 중앙의 구리 샹들리에에는 아마도 혼인의 촛불인 듯 대낮임에도 촛불이 켜져 있다. 왼쪽 창문의 창틀과 그 앞 나지막한 탁자 위에는 과일이 놓여 있다. 두 신혼부부의 앞에는 북슬개가 있고, 정면 위 벽에는 묵주가 걸려 있다. 그 옆에 태양의 그림처럼 10개의 톱니가 달린 둥근 나무거울이 있는데, 예수의 생애를 묘사하는 10개의 메달이 원을 따라 톱니 부분 위에 상감(象嵌)되어 있다.

볼록 렌즈의 이 거울은 그림의 전체 장면은 물론 그림에 재현되지 않은 공간까지도 보여준다. 두 신혼부부의 뒷모습, 그 앞의 화가와 아마도 증인인 듯한 젊은 남자, 그리고 그림 속에는 들어 있지 않은, 아니 들어 있을 수 없는 창밖의 하늘과 정원까지 비춰져 있다. 거울을 이용하여 그림의 구도를 압축적으로 보여주는 새로운 기법과 함께 기하학적인 공간 배치는 원근법을 예고하고 있다.

반 아이크의 「아르놀피니의 혼약」 1434년
Oil on panel, 83.7 X 75cm, National Gallery, London

이 결혼계약은 거울 속에 증인으로 짐작되는 인물과 화가 이외에 다른 증인이 하나도 없다는 것이 이상하다. 화가는 거울 위에 라틴어로 'Johannes de Eyck fuit hic, 1434'(Jan Van Eyck was here, 1434)라는 글만 남겨 놓음으로써 증인 없는 결혼식의 그림을 결혼 증명서로 변환시키고 있다. 더욱이 특이한 것은 신앙을 위해 혼인을 맺는 두 신혼부부의 신발이 한 켤레는 그림 왼쪽에, 또 다른 켤레는 두 신혼부부 사이, 그림의 한가운데 나무 의자 밑에 아무렇게나 버려져 있다는 점이다. 왼쪽의 신발은 나무 통굽 위에 발등만 가죽으로 덮는 모양의 샌들이고, 모포와 같은 색깔의 진홍색 슬리퍼는 보석 같은 것이 촘촘히 박히기는 했어도 영락없이 오늘날의 플라스틱 슬리퍼와 닮았다.

이 그림 안의 모든 소품들은 특유의 상징성을 갖고 있다. 개는 신의와 사랑의 상징이며, 샹들리에의 촛불은 세상 모든 것을 바라보는 전지(全知)의 신(神)의 눈이다. 창틀과 탁자 위에 놓여 있는 과일은 오렌지 혹은 사과로 보이는데, 만일 오렌지라면 원초적 순결을 뜻하고, 만일 사과라면 에덴동산에서 뱀이 이브를 유혹할 때 썼던 것이어서 지혜의 유혹과 낙원으로부터의 전락을 뜻한다. 침대 위의 진홍색 커튼은 성경이 지시하는 남자와 여자의 완벽한 결합, 즉 육체적 사랑의 행위를 상기시킨다. 그렇다면 아무렇게나 버려진 두 켤레의 신발은 무엇을 상징하는가? 미술사학자 파노프스키에 의하면 신발은 다른 전형적 신앙의 상징과 마찬가지로 성스러움과 밀접한 관련이 있다.

신발이, 성스러움과 가깝거나 멀거나 여하튼 신성함과 관련이 있다는 것을 우리는 성경에서 확인할 수 있다. 모세가 불타는 떨기나무를 더 잘 보기 위해 가까이 다가갔을 때 야훼는 "이리로 가까이하지 말라. 너의 선 곳은 거룩한 땅이니 네 발에서 신을 벗으라."(출애굽기 3장 5절)라고 말한다. 이때 신발은 신성함에서 배제된다. 2세기 팔레스티나에서 편찬된 유태법령집에도 안식일에 신발 착용을 금하는 구절이 있다. 성서 시대의 사람들은 성스러운 장소에 들어갈 때 신발을 벗었고, 초청자의 집에 들어갈 때도 신발을 벗었다. 그러면 주인은 그에게 발을 씻어줄 채비를 했다.(누가복음 7장 38절, 44절) 그러나 신명기(申命記)에서 모세는 "나는 너희들을 4년간 사막으로 끌고 다녔다… 너희들의 샌들을 닳게 하지 않은 채"라고 말한다. 이때 신발은 분명 성스러움의 인접성이다. 신약성경에서도 "돌아온 탕아에게 사람들이 옷과 반지와 함께 신발을 주었다."(누가복음 15장 22절)는 구절이 있다. 성경에서 맨발은 상스러움(노예상태) 혹은 상(喪)을 당했다는 표시이기도 하다.

아르놀피니의 그림에서 신발들이 성스러운 장소에서 쫓겨난 것인지 아니면 성스러움에 의해 그림에 추가된 것인지는 분명치 않다. 데리다식으로 말하면 파르마콘(pharmakon) 혹은 파레르곤(parergon)의 이중의 기능에 의해 그 두 경우가 다 해당되는지도 모른다.

발자크의 『미지의 걸작』

신발은 아니지만 발이 화가의 그림에서 중요한 상징으로 작용하는 경우를 소설에 쓴 것은 발자크의 『미지의 걸작』에서이다. 이 세상에서 가장 아름다운 여인의 초상화를 그리겠다는 광기의 천재 화가가 자신의 모든 에너지를 투입하여 완성시킨 일생일대의 걸작은 마치 20세기의 미국 화가 잭슨 폴락을 연상시키는 색채의 덩어리일 뿐이다. 예쁜 미인의 그림을 기대하고 그림 앞에 드리운 휘장이 벗겨지는 모습을 바라보던 두 방문객은 그저 색채의 흩뿌림일 뿐인 무정형의 그림 앞에서 망연자실한다. 소설의 배경인 17세기는 물론 작가 발자크의 시대인 19세기에도 상상조차 할 수 없는 추상화였기 때문이다. 이미 현대 미술을 예고하고 있는 발자크의 천재성이 놀랍다. 그런데 화가는 계속해서 그것이 아름다운 여자의 그림이라고 주장한다. 섬뜩함으로 몸이 얼어붙은 듯한 방문객들은 화폭의 한 구석에서 '색채와 색조와 불분명한 농담(濃淡)과 일종의 형태 없는 안개 같은 혼돈에서부터 나오는 발 한 짝'을 알아본다. 그것은 마치 '화재로 소실된 도시의 잿더미에서 삐쭉 솟아나온 파로스 대리석의 비너스 흉상처럼!' 어여쁘고, 생생하게 살아있는 듯한 발이다. "당신들은 한 여인 앞에 있소, 그런데 당신들은 한 폭의 그림을 찾고 있군"이라고 천재 화가가 말할 때 독자의 공포도 고조된다. "저 밑에 여자가 있다…"라는 방문객의 말이 실제인지 은유적 표현인지 우리는 알 수 없다. 다음날

화가는 자신의 걸작을 불태우고 자신도 그 불 속에서 죽었다는 것으로 소설은 끝난다.

하이데거, 샤피로, 데리다의 논쟁의 주제가 된 구두

하이데거가 촉발했고, 샤피로와 데리다가 가세한 구두 논쟁의 주제는 성적인 것도 아니고, 종교적인 것도 아니며 좀 더 존재론적인 것이다. 1935년 11월 하이데거는 프라이부르 대학에서 '예술작품의 기원'(Der Ursprung des Kunstwerkes)(The Origin of the Work of Art)이라는 제목으로 공개강연을 했고, 두 달 뒤인 1936년 1월에 스위스의 취리히에서 이 강연을 되풀이 했으며, 그 해에 이 주제를 보완하여 11월 17일과 24일, 그리고 12월 4일에 프랑크푸르트에서 같은 제목으로 세 번 강연했다. 하이데거의 유명한 예술철학론인『예술작품의 기원』은 이 프랑크푸르트 강연의 강의록이다.

데리다가 하이데거의 예술론을 문제 삼은 것은 '마틴 하이데거와 반 고흐의 구두'를 특집으로 한 잡지 마쿨라(Macula)에서였고, 메이어 샤피로 교수의『개인적 사물로서의 정물화』라는 논문을 다시 문제 삼는 형식이었다. 샤피로의 논문은 하이데거를 비판한 것인데, 더 정확히 말하면 '예술작품의 기원'에서 반 고흐의 구두 그림을 예로 든 것의 적합성 여부를 문제 삼은 것이다.

구두 주인 찾기

논의의 출발은 구두의 임자가 누군가에 대한 문제였다. 샤피로는 하이데거가 자신의 논지를 증명하기 위해 반 고흐의 구두 그림을 예로 들면서 아무런 검증도 없이 이 구두가 농부(農夫) 혹은 농부의 아내의 것이라고 단정 지은 것을 비판하고 나섰다. 그는 하이데거가 그림의 내적·외적 문맥에 주의를 기울이지 않았고, 반 고흐의 비슷한 구두 그림이 여덟 장 더 있다는 것도 언급하지 않았다고 비판했다.

하이데거는 예술작품도 기본적으로 사물적 성격을 갖고 있다고 말하고 작품의 사물적 요소를 해명하기 위해 사물-제품-예술작품이라는 3대 요소를 설정했다. 넓게 말하면 세 가지가 모두 사물에 포함되는 것이지만 좀 더 세분해 보면 돌멩이 같은 자연물은 순수 사물, 도끼나 칼처럼 유용한 목적을 위해 사람이 손으로 만든 것은 제품, 그리고 인간의 손에 의해 만들어졌으나 유용성이 없이 자기 충족적이라는 점에서 순수 사물과 비슷한 것이 예술작품이다.

우리가 사용하는 모든 제품은 근본적으로 사물이지만 인간의 노동과 수고가 들어간 인공물이라는 점에서 사물 이상의 것이다. 또한 사람의 손으로 만들어졌다는 점에서는 예술작품과 같지만 예술작품의 자족적인 현전, 자기 충족성을 갖지 못했다는 점에서 작품 이하이다. 그러므로 제품은 사물과 작품 사이의 매개이다. 그것은 칸트의 도식(圖式, schème)처럼 양쪽에 속해 있고, 양쪽을 매개하는 이중 귀속, 이중

분절이다.

그렇다면 제품의 성격을 아는 것이 예술작품의 성격을 아는 지름 길이 될 것이다. 그래서 하이데거는 제품의 제품적 성질을 알기 위해 아무런 철학적 이론의 도움을 받지 않은 채 우선 평범한 제품을 하나 예로 들어 단순히 묘사를 해보기로 작정한다. 그것이 농부의 구두 한 켤레였다. 이런 물건은 누구나 익숙하게 알고 있는 것이므로 그것을 묘사하기 위해 실제로 이 물건을 가져와 우리 눈앞에 대령할 필요도 없다. 그러나 시각적인 현실화를 용이하게 하기 위해 구두 그림을 몇 번 그린 반 고흐의 '유명한' 그림을 선택했다고 그는 말한다. 그러니 까 반 고흐의 구두 그림은 예(例)의 예(例)인 셈이다. 제품의 성질을 알 기 위해 구두를 예로 들었고, 그 구두를 보여주기 위해 반 고흐의 구 두 그림을 예로 들었기 때문이다. 그러나 '유명한 그림'이라고만 했 을 뿐 반 고흐의 어떤 그림인지는 밝히지 않았다. 그저 대뜸 그것이 농부 아내의 구두라고 단정 지었을 뿐이다.

"농부의 아내는 밭에서 구두를 신고 있다. 오직 여기에서 그 구두 는 진면목을 보여준다. 농부의 아내가 일하는 동안 구두를 전혀 내려 다보지 않고, 그것을 의식하지 않을수록 구두는 더욱더 충실하게 제 본래의 모습이다. 그녀는 구두를 신고 서 있다. 이것이 구두의 진정 한 용도이다"라고.

여기서 샤피로의 반박이 시작된다. 그는 『예술작품의 기원』에서 언급하고 있는 것이 1886년 파리에서 그린 그림이고, 이 시기에 이미 그는 도회지 사람이 되어 있었으므로 그림 속의 구두는 화가 자신의 신발이 틀림없으며, 결코 농부의 신발일 수 없다고 주장했다. 반고흐는 1888년 8월 아를르에서 동생 테오에게 보낸 편지 속에서 자신이 낡은 구두 한 켤레를 그렸다고 말한 적이 있지만 1886년의 구두 그림에 대해서는 언급한 바가 없다.

반 고흐, 「땅 파는 농부(農婦)」 1885년
Drawing, Van Gogh Museum, Armsterdam

이 그림의 단서를 제공할 만한 동료 화가의 증언은 샤피로의 주장에 유리한 관점을 제공한다. 반 고흐는 1886년 파리로 와 2년간 머물면서 페르낭 코르몽의 아틀리에에서 그림을 그렸는데, 이때 툴루즈 로트렉 등 당대의 유명한 화가들과 알게 되었다. 이 화가들의 회상에 의하면 반 고흐는 중고품 만물시장에서 산 새 구두를 신고 궂은 날이나 비 오는 날이나 아랑곳하지 않고 몽마르트르 언덕을 가로질러 외곽 도로를 누볐고, 그 한 켤레의 구두가 완전히 일그러진 다음에 그 모습을 화폭에 담았다고 한다. 그렇게 함으로써 그는 광부, 농부, 노동자들의 어려움을 함께 나누는 것으로 생각했다는 것이다.

하이데거가 구두를 농부 혹은 농부의 아내에 귀속시킴으로써 그림에 대해서도, 신발에 대해서도 오류를 범했고, 상상의 투사를 했다고 비난한 샤피로의 말은 일견 옳은 듯하다. 반 고흐가 구두 그림을 그리던 1880~1890년대에 대부분의 농부들은 나막신을 신었기 때문이다. '가죽 위에는…'이라는 구절은 하이데거가 나막신이 아니라 가죽 구두를 선택했다는 것을 분명하게 암시하고 있다. 반 고흐의 채색화 혹은 드로잉 중에서도 《농장의 내부》(1885, F.168), 《콩깍지 까는 여인》(1885, F.214), 《감자 캐는 여인》(1885, F.251), 《가래질하는 여인 뒷모습》(1885, F.255), 《낫질하는 농부》(1885, F.318), 《나무꾼》(1885, F.1327), 《가래질하는 농부》(1890, F.1587), 《일하는 농부들》(1890, F.1587) 등이 모두 나막신을 신은 농부 혹은 농부의 아내를 그리고 있다.

하이데거도 처음에는 이 구두가 어디에 있는지 알 수 없다고 했다.

밭의 흙덩이나 들판 길의 흙이라도 묻어 있으면 최소한 그 용도를 짐작할 수 있으련만, 구두 주위에는 이 구두가 어디에 누구에게 속했는지를 말해주는 것이 아무것도 없고, 오직 불확정의 공간만 있을 뿐이라고 안타까워한다. 그러나 그는 갑자기 그것이 한 켤레의 농부의 구두라고 단정 짓는다. 그리고 샤피로가 상상이며 투사(投射)에 불과하다고 혹평했던 비장한 어조로 구두에게 임자를 찾아준다.

귀속 찾기의 욕망은 그것을 찾는 사람 자신의 전유(專有)의 욕망이라고 한다. 다른 모든 분야에서와 마찬가지로 예술 분야에서도 '이것은 X에게 귀속된다'라고 말하는 것은 우회적으로 그 학문적 권위가 내게 귀속된다고 말하는 것과 다름없다는 것이다. 여하튼 한 사람은 구두가 들판의 농부 혹은 농부 아내의 것이라고 말했고, 또 한 사람은 그것이 도시 사람의 구두라고 말했다.

'한 켤레'의 문제점

우리의 관심을 끄는 것은 하이데거도 샤피로도 한 결 같이 반 고흐의 그림을 한 켤레의 구두로 확신한다는 점이다. 다른 것은 다 비판하면서도 샤피로는 구두가 '한 켤레'라는 데에는 아무런 의문을 제기하지 않는다. 그러나 이것을 한 켤레의 구두라고 단정하는 데에는 많은 문제가 있다. 오른쪽 것이 훨씬 커 보여서 이것을 짝이 맞는 한 켤레의 구두라고 하기에는 사실 무리가 있다. 그림을 자세히 보면 볼수록 그것은 신고 걸을 수 있는 구두가 아니라는 생각이 든다. 그런데 왜 두 사람은 거기에 아무런 의문도 제기하지 않고 서둘러 '한 켤레'로 단정 짓는 것일까? 신발 주인에 대한 착오보다는 이 잘못된 짝짓기가 오히려 더 큰 문제라는 것이 데리다의 생각이다. 그것은 아마도 사물의 페티시화(化)를 막기 위한 해석자들의 안전장치일 것이라고 그는 추측한다.

『예술작품의 기원』에서 하이데거는 예술의 성격이 진실의 폭로라는 것을 증명하기 위해 우선 '제품의 제품성'을 파악하기로 작정했다. 그러니까 하이데거가 반 고흐의 구두 그림을 예로 든 것은 제품의 제품성을 확인하기 위해서이다. '한 켤레'에 대한 확신은 여기서 발생한다. 제품성이란 유용성이고, 구두의 유용성은 짝이 맞는 한 켤레의 신발일 때 가능한 기능이다. 신발 한 짝이나 짝이 안 맞는 두 짝의 신발보다는 한 켤레의 신발이 유용성을 취급하는 데에는 훨씬 더 수월하다. 한 켤레는 그것이 일부러 금지하지 않는다 해도 자연스럽게 페티시화를 억제한다.

'한 켤레'의 신발은 유용성과 '정상적' 사용에 못 박혀 있고, 좀 더 착용하기 좋으며, 자연스럽게 사람을 걷게 한다. 하이데거와 샤피로가 두 개의 신발이 켤레임을 조금도 의심하려 하지 않은 것은 아마도 어떤 비효용성의 문제, 혹은 변태적 사용의 문제를 아예 배제하기 위해서였을 것이다.

그들은 신발을 정상적인 사용 법칙에 고정시키기 위해 두 짝을 한데 묶었다. 짝이 안 맞는 신발의 이중성, 악마성을 억압했고, 그리하여 강제로 두 짝을 잇고, 연결했다. 그들은 사지가 불안하게 해체되는 것을 막기 위해 동여맸다. 그림 안에 있다고 그들이 믿는 진실을 끄집어내는 데는 짝짝이의 구두, 같은 쪽 발의 두 개의 신발, 혹은 전혀 다른 두 짝의 신발은 적당하지 않았기 때문이다.

한 켤레의 신발이 정상적인 유용성을 대변한다면 외짝 신발 혹은 짝짝이의 두 개의 신발은 그 자체로 페티시의 상징이다. 프로이트 이후, 그리고 초현실주의 이후 화가들이 구두 그림을 그릴 때 주로 외짝의 신발 아니면 발과 구두가 결합된 기괴한 모습을 그린 것은 결코 우연이 아니다.

하이데거는 말 그대로의 사물을 단순한 벌거벗은 사물이라고 명명하는데, 이 '벌거벗은'이라는 말은 유용성과 제조의 성격이 제거되었음을 뜻하는 것이다. 벌거벗은 사물은 일종의 제품이지만, 그러나 자신의 제품성을 벗어버린 제품이다. 벌거벗은 구두, 그것은 사용이 불확실하거나, 아무것도 할 수 없는 사물로 버려진 사물들이다. 그것은 효용가치가 제거된, 유용성 없는 사물이라는 뜻이다. 구두를 제품성이 없는 사물로서 제시하는 것은 어떤 나체성, 실로 외설스러움을 보여주는 것이다. 마그리트의 구두들이 보여주는 외설스러움도 바로 여기에서 유래한다.

마그리트나 아다미의 구두 그림들, 혹은 미로의 「낡은 구두가 있는 정물화(Nature morte au vieux soulier)」(1937)를 가지고 제품의 유용성을 말할 수 없다는 것은 분명한 사실이다. 제대로 된 구두라 하더라도 마그리트가 「꿈의 해석」(1930) 안에서 '달'(La lune)이라고 이름 붙인 죽은 여자의 외짝 신발, 또는 린드너의 「구두(The Shoe)」를 가지고 하이데거나 샤피로가 같은 이야기를 할 수는 없었을 것이다.

철학자와 화가의 파토스 공유

하이데거는 반 고흐가 비슷한 구두들을 수없이 그렸다는 것을 잘 알고 있었으면서도 자기가 분석하고 있는 것이 어떤 그림인지 밝히지 않았다. 그가 어떤 특정 그림에 관심을 갖지 않았고, 미술 비평의 관점에서 그 그림의 특이성을 묘사하고 질문하는 것도 아니라는 것을 우리는 짐작할 수 있다. 그림이 아니라 '하나의 제품'을 '아무런 철학적 이론 없이' 그저 묘사하기 위해 "하나의 일상적 예로서 농부의 구두 한 켤레를 선택했다"고 그 자신도 말했다.

그가 묘사할 대상, 해석할 대상은 그림도 아니고 그림으로 그려진 대상도 아니며, 다만 모든 사람들이 알고 있는 낯익은 제품일 뿐이다. 특정의 그림, 혹은 특정의 신발을 대상으로 삼으려 한다는 언급은 아무 데에도 없다. 그저 직관을 쉽게 하고 주의를 끌기 위해 한 켤레의 구두 그림(그것이 농부의 것이든 아니든, 혹은 그림으로 그려진 것이든 아니든)을 선택했고, 거기서 똑같은 특징들, 예컨대 제품성, 유용성, 세계와 대지에의 귀속성을 발견했다. 그러나 그렇다면 왜 하필 그림을 선택했는가? 그리고 왜 농부의 구두라는 문제성 있는 확인을 그토록 무겁게 밝혔던 것인가?

반 고흐가 1883-1885년에 네덜란드 북부 농촌에서 황량한 경치와 농부들을 그리면서 동생 테오에게 보낸 편지들은 도회지 사람들에 대한 혐오감과 함께 농부와의 강한 유대감을 암시하고 있다. "내가 농부의 화가라고 말할 때 그것은 실제의 생활에서 그러하고, 내 환경 안에서 내가 그렇게 느끼고 있다는 것을 너는 잘 알게 될 것이다."

농부에 대한 이런 유대감은 하이데거의 글에 보이는 토지의, 흙의, 장인적(匠人的)인 이데올로기와 그대로 부합된다. 예컨대 대지의 조용한 부름에 대한 하이데거의 비장한 문구는 반 고흐의 편지들과 그대로 부합된다.

"딱딱하고 울퉁불퉁한 구두의 가죽 위에는 흙의 축축함과 비옥함이 누워 있다. 창 밑에는 땅거미 질 무렵의 들판길의 고독이 납작하게 눌려 있다. 구두 안에서는 대지의 말없는 부름, 익어가는 곡식의 조용한 선물, 바람 부는 텅 빈 밭의 황량함이 보여주는 알 수 없는 자기-거부 등이 가늘게 떨리고 있다. 이 제품에는 빵의 확실성에 대한 불평 없는 걱정, 또 한 번의 곤궁을 이겨냈다는 말없는 기쁨, 임박한 출산 앞에서의 불안감, 다가오는 죽음의 위협 앞에서의 떨림이 스며들어 있다. 이 제품은 대지에 속해 있고, 농부 아내의 세계 속에서 보호받고 있다."

여기서 보이는 대지에 대한 관심과 애정도 반 고흐와 유사하다. 하이데거는 『예술작품의 기원』만이 아니라 『형이상학 입문』에서도 반 고흐의 그림을 빌어 대지에의 회귀, 신발이 간직하고 있는 장인(匠人)의 세계, 농부의 노고 등을 말한 바 있다.

"반 고흐의 이 그림 : 한 켤레의 투박한 농부의 신발. 이 그림은 엄밀하게 말해 아무것도 재현하지 않는다. 그러나 거기에 있는 것, 그것과 함께 우리는 마치 농부의 아내처럼 혼자서 마지막 감자불이 숯이 되어가는 가을 어느 날 저녁 들판에서 곡괭이를 들고 피곤한 몸을 끌고 집으로 향하는 것이다." 여기서 말하는 그림이 『예술작품의 기원』에서 다룬 그림과 같은 그림인지 우리는 물론 확인할 길이 없다.

하이데거는 노르웨이의 소설가 크누트 함순을 자주 인용하고 있는데, 이 역시 대지로의 회귀를 즐겨 형상화한 작가이다. 특히 "내 신발은 마치 나의 또 다른 유령처럼 나에게 영향을 미친다. 즉 내 자신의 살아있는 일부분처럼"이라는 크누트 함순의 구절은 신발에 대한 관심의 공유라는 점에서 하이데거, 반 고흐와 함께 철학, 문학, 미술에서의 신발의 삼위일체를 이룬다.

샤피로는 이것을 투사(投射, projection)라고 했다. 투사는 프로이트의 용어인데, 스스로 수용할 수 없는 욕망, 생각, 느낌을 주체의 바깥, 즉 다른 주체에게 옮겨놓는 방어기제이다. 그러니까 자기 생각이라고 드러내놓고 말하는 대신 그는 반 고흐의 그림을, 또는 크누트 함순의 글을 인용했다는 것이다. 하이데거에게서는 반 고흐의 어떤 그림을 분석하느냐가 아니라 반 고흐를 예로 들었다는 것 자체가 투사의 시작인 듯하다. 하이데거와 반 고흐 사이에는 분명 어떤 유사성, 어떤 파토스적 공동체가 있다.

테크네와 예술

대지적 감수성 말고도 하이데거와 반 고흐가 공유하는 또 하나의 가치는 예술적 장인정신이다. "진실, 사실을 추구하는 것, 그것은 내게 너무나 소중하다. 결국 나는 색채의 음악가가 되기보다는 색채의 신기료장수가 되기를 원한다"라고 반 고흐는 편지에 썼다. 반 고흐가 말하는 진실은 물론 재현적인 것이어서 하이데거의 존재의 진실과는 차원이 다르다. 그러나 농부, 신기료장수라고 했을 때의 반 고흐의 장인(匠人)정신은 하이데거의 테크네(techné) 이론과 똑같지는 않지만 그다지 멀지도 않다. 하이데거는 희랍의 단어 테크네를 동원하여 예술과 장인정신은 다른 것이라고 애써 증명하려 했지만 그 둘의 유사성을 결코 부정하지 않았다.

우리는 예술작품이 제품과 구별되는 성격으로 자기-충족성을 든다. 그러나 아무리 그렇다 하더라도 예술작품 역시 인간의 노동의 산물임에는 틀림없다. 작품(佛 œuvre, 英 work)이라는 말 속에는 이미 노동의 흔적이 들어 있다. 작품의 노동적 성격은 그것이 예술가에 의해 창조되었다는 사실에 있다. 우리는 창작을 '생겨나게 함'으로 생각한다. 그러나 제품의 제조도 역시 '생겨나게 함'이다. 작품으로서의 '생겨나게 함'과 제품으로서의 '생겨나게 함'은 구별이 쉽지 않다. 얼핏 보기에 도자공과 조각가, 가구장이와 화가의 활동은 똑같은 과정이다. 작품의 창조도 장인정신을 요구한다. 위대한 예술가들은 완벽한 기술에 의거한 장인정신의 고통스러운 수련을 거친 사람들이다. 그 누구보다도 그들은 자신을 새롭게 교육시키는 수고를 끊임없이 함으로써 치열한 장인정신을 획득한다.

고대 희랍인들은 공예와 예술을 테크네(technè)로, 공예가와 예술가를 테크니테스(technités)로 불렀다. 오늘날의 테크닉과 발음이 같다는 사실에서 우리는 예술과 장인정신이 같은 것이라고 회심의 미소를 지을 수도 있다. 그러나 테크네가 오늘날의 기술과 어원이 같다고 해서 창조적 작업의 본질을 수공예로 정의하는 것은 망설여진다. 고대 그리스의 개념들이 체험과 유리된 채 라틴어로 번역되어 전해 내려오는 과정에서 심한 왜곡이 일어났고, 바로 거기에서 서구 사상의 뿌리 없음이 유래한다는 것이 하이데거의 지론이었다.

그의 지론은 이 단어에도 적용된다. 고대 그리스에서 테크네는 공예도 예술도 의미하지 않았고, 오늘날 우리가 쓰는 의미에서의 기술도 전혀 의미하지 않았다. 테크네라는 단어는 오히려 앎의 양식(樣式)이다. 안다는 것은 넓은 의미에서 뭔가를 보았다는 의미이다. 즉 현전하는 어떤 것을 있는 그대로의 상태에서 보았다는 것이다. 왜냐하면 그리스인들은 앎의 정수를 알레테이아(alētheia), 즉 존재 폭로에 있다고 생각했기 때문이다.

희랍식으로 체험된 앎으로서의 테크네는 존재자를 생기게 함이다. 즉 현전하는 어떤 것을 그것이 숨겨져 있는 곳에서부터 있는 그대로 끌고 나와 그 외양을 폭로하는 것이다. 손으로 무엇을 만들어낸다는 그 결과는 똑같다 하더라도 테크네는 결코 뭔가를 만드는 행동을 뜻하지는 않았다. 그러므로 예술을 테크네로 불렀다 해서 결코 예술가의 활동이 수공업의 영역 안에 있다는 것을 의미하지는 않는다.

예술은 노동의 산물이기는 하지만 단순한 공예품이 아니고 '존재의 폭로'가 이루어지는 고도의 공예품인 것이다. 그러니까 하이데거에게서 예술이란 존재 폭로가 곁들여진 장인정신이다. 그러나 예술가와 장인(육체노동자) 사이의 때늦은 대립을 통해 테크네를 다시 생각해 보기를 제안할 때조차 그는 화가와 농부 사이의 유사성을 내심 인정하고 있었던 것이 아닐까? 반 고흐의 구두 그림에서 진실의 폭로가 이루어졌다고 말하는 대목에서 우리의 심증은 한층 굳어진다.

하이데거의 오류를 비판할 수 없는 이유

하이데거가 반 고흐와 대지적 농부적 파토스를 공유하고 있다는 것과 상관없이 그림의 구두를 농부 혹은 농부 아내의 것이라고 단정한 것은 명백한 오류인 듯이 보인다. 그림의 모델이 정말 농부의 것이냐 아니냐라는 사실 부합성의 문제가 아니라 모방, 복사, 재현적 복제를 예술의 본질로 생각할 수 없다는 그의 앞선 명제와 모순되기 때문이다. 그는 예술이란 '진실이 작품 안에 자리 잡는 것'이라는 가설을 세웠지만, 이 표현이 전통적 미메시스 이론과 혼동되는 것을 경계했다.

원시인의 동굴 벽화 이래 사람들은 동물이나 꽃 같은 자기 주변의 사물들을 꾸준히 그렸다. 우리는 실제 화병의 꽃에는 무심하다가도 그것을 그림으로 옮겨 놓은 회화 앞에서는 감동하여 감탄한다. 실재(實在)를 비슷하게 모방해서 재현해 놓으면 거기에 미적 감흥이 생기는 듯하다. 그러니까 예술의 본질은 모방이다. 이것이 아리스토텔레스 이래 서구 미학을 지배해 온 미메시스 이론이고 재현의 이론이다.

예술은 현실의 모방(미메시스 이론)이라는 아리스토텔레스의 견해가 수 천 년 간 서구 미학에서 강력하게 지속되어 왔음은 누구나 알고 있는 사실이다. 예술이란 주어진 사물을 최대한 비슷하게 복사하는 것을 의미하며 중세 때는 이것을 부합(adaequatio)이라고 말했다. 오래 전부터 존재자와의 부합성이 진실의 본질로 간주되었다. 20세기 들어 입체파, 야수파, 초현실주의, 추상화, 팝아트 등의 예술 사조들은 이 재현의 이론을 완전히 무너뜨렸다. 이제 예술은 더 이상 실재를 그대로 묘사하는 재현이 아니라 자기 자신만을 지시하고 있다.

하이데거가 예술은 '진실의-작품-속-자리잡기'라고 말했을 때의 진실 역시 존재자와의 부합성을 의미하는 것이 아니다.

"우리는 반 고흐의 그림이 진실로 한 농부의 한 켤레의 구두라고 믿는 것일까? 그리고 그가 이것에 성공했기 때문에 이 그림을 작품이라고 생각하는가? 우리는 그림이 현실을 복사했고, 이것을 예술적 생산의 제품으로 변형시켰다고 말하는 것인가? 전혀 아니다"라고 그는 말한다. 이때 하이데거는 재현의 낡은 이론을 행복하게 떨쳐버린 세련된 현대 예술의 감각을 보여주고 있다.

그러나 어느새 그는 반 고흐의 구두가 농부의 구두라고 단정 짓고 크누트 함순을 연상시키는 대지적 감성을 비장한 어조로 풀어 놓는다. 데리다는 이러한 하이데거의 방식을 한 마디로 순진하다고 매도한다. 재현 내용에 대한 성급한 결정, 무거운 비장함, 그림 속의 구두가 가상의 구두인지 혹은 실제의 구두에 대한 묘사인지를 알 수 없는 디테일한 묘사, 거친 프레임 설정, 자의적이고 난폭한 오려내기, 농부의 구두라고 자신 있게 말하는 신원 확인의 확신감 등은 실망을 넘어서 웃음이 터져 나오게 한다는 것이다.

그러나 "낡은 구두 속을 향한 어두운 열림…"이라는 하이데거의 구절은 그것이 농부의 것이건 도시인의 것이건, 실제의 것이건 가상의 것이건 상관없이 거의 모든 구두에 대해 말할 수 있는 모호함과 개방성을 보여준다. 그가 어떤 특정의 그림만을 참조하고 묘사하려는 의도를 갖고 있다면 그림 해석이 잘못되었다고 그를 비판할 수 있지만 그의 글에는 이런 의도가 어디에도 표명되어 있지 않다.

그림으로 되돌아갈 것을 제안하는 순간에조차 하이데거는 작품에 관심을 갖는 게 아니라 구두가 그 예를 제공하고 있는 제품성에만 관심을 가질 뿐이다. 그가 중요하게 생각하며 묘사하는 것이 그림 속의 구두가 아니라면 우리는 그에게서 그림 자체의 묘사를 기대할 수 없고, 따라서 그 부적절함을 비판할 수도 없다.

파레르곤

파레르곤(parergon)은 그림의 액자나 건축물의 기둥처럼 작품의 밖에 붙여진 보충 혹은 보족물을 지칭하기 위해 칸트가 그리스어에서 따온 말이다. 파레르곤은 에르곤(작품, ergon)의 밖에, 작품과 나란히 있다는 의미이다. 칸트가 파레르곤의 또 하나의 예로 든 것은 조각상 위에 걸쳐진 옷이었다. 이때 그가 재현의 중심으로 본 것은 벌거벗은 몸이다.

그렇다면 '끈 달린 낡은 구두'는 어디에 분류해야 할까? 인체가 없이 구두만 있는 이 경우 칸트식으로 말하자면 중심적인 재현은 없고 그것을 겉으로 감싸는 파레르곤만이 있다. 그러므로 이 그림의 중심 주제는 파레르곤이다.

에르곤이 중심이고 파레르곤이 보족인데, 이것은 에르곤 없는 파레르곤이다. 순수 보족이라고 해야 할까? 보완해야 할 것이 아무것도 없어서 오히려 자기가 보완하는 것을 자신의 보족물이라고 부르는 보족이라고 해야 할까? 단순한 사물을 지칭하기 위해 하이데거가 그토록 쉽게 옷의 메타포를 사용한 것은 결코 우연이 아니다. '벌거벗은'이란 말은 유용성과 제조성의 성격이 제거되었다는 의미이다. 벌거벗은 사물은 하나의 제품이지만, 그러나 제품성의 옷을 벗어버린 제품이다. 낡은 구두는 제품성이 제거되어 있다. 왜냐하면 유용성은 사용 안에서만 포착되는 것인데, 낡은 제품은 이미 사용이 불가능하기 때문이다.

하이데거가 '유명한 그림'으로 지칭한 그림으로 되돌아가 보면, 생산된 사물인 구두가 거기에 재현되어 있다. 이 제품은 우선 의류이다(그러므로 파레르곤이다). 전이에 의해서건 메타포에 의해서건 이것은 소위 '벌거벗은' 사물로 되돌아가려는 운동을 희미하게 보여주고 있다. 다시 말하면 쓸데없고, 실제 사용이 불가능하고, 버려졌고, 끈이 풀렸고, 일종의 무위(無爲) 상태에 있는 사물이다. 이 구두가 더 이상 쓸모가 없다는 것은 그것이 맨발과 그 착용의 주체(주인, 현재의 소유자, 착용자)로부터 분리되었기 때문이다. 유용성이란 사용 안에서만 포착되는 것이므로 낡은 구두는 더 이상 유용성이 없고, 유용성이 없으면 제품성이 없으므로 이 그림은 제품의 유용성에 접근하는 데 아무 소용이 없다.

하이데거의 예술론-존재론

'유명한 그림'에 대한 의존은 우선 제품성에 대한 문제이지 예술 작품에 대한 문제는 아니었다. 하이데거도 "작품은 처음 생각과는 달리 제품의 성격을 증명하는 데 있어서 별 도움이 되지 못한다"고 말했다. 그는 일반적인 그림 전체를 지시하지도 않았고, 특정의 그림 하나만을 지시하지도 않았다. 그는 진실의 진실이라는 주제에만 관심이 있었을 뿐이다.

결국 하이데거는 그림에 대해서 이야기하지 않는다. 그러나 그는 구두로 하여금 말하게 한다. 사람의 손으로 만들어진 사물이고, 그것을 신는 주체에서 분리된 이 구두는 말하기 시작한다. 하이데거가 제품의 제품성을 발견한 것은 실제로 눈앞에 있는 한 컬레의 구두에 대한 묘사나 설명에 의해서가 아니고, 구두 제조의 과정에 대한 보고서를 통해서도 아니며, 여기저기서 사람들이 그것을 실제로 사용하는 방식에 대한 관찰을 통해서도 아니다. 단지 반 고흐의 그림 앞에 서 있음을 통해서였다. 구두 그림 앞에 서자 '이 그림이 말하기 시작했다'는 것이다.

화가인 앙드레 마르샹도 비슷한 이야기를 하였다. "숲속에서 나는 여러 번, 숲을 바라보고 있는 것이 내가 아니라는 것을 느끼곤 했다. 어느 날 나는 나를 바라보며 나에게 말을 걸어오는 것은 바로 나무들이라고 느꼈다. 나는 화가란 우주에 의해 꿰뚫린 자임에 틀림없다고 믿는다."

이 구절을 인용하며 메를로-퐁티는 자신의 회화론을 개진시켰다. 사물이 화가의 눈에 충격을 주었을 때 비로소 눈은 비가시적이던 존재의 조직에 다다르며, 그 다음에 손이 그 비가시적인 것을 화폭 위에 가시적인 형태로 드러내는데 이것이 바로 그림의 탄생이라는 것이다(『눈과 정신』, 메를로-퐁티). 하이데거가 그림에 대해서 말한 것을 메를로-퐁티는 감각적 세계의 대상 전체에 확대시킨 것 아닌가.

하이데거에 의하면 그림을 묘사하고 소개하는 것이 우리 자신이라고 생각하는 것은 최악의 환상이다. 우리가 그림을 잘 알고 있어서 그것에 대해 설명하는 것이 아니라, 그림 자신이 우리에게 말을 건다는 것이다. 그림 가까이로 다가가면 우리는 갑자기 이때까지 낯익던 우리 주위의 장소가 다른 곳 같이 느껴진다. 진실이 폭로되었기 때문이다. 그리고 진실이란 언제나 생소한 것이기 때문이다. 이렇게 해서 반 고흐의 작품은 한 켤레 구두의 진실이 어떤 것인지를 알려준다. 제품의 제품성이 모습을 드러내는 것은 작품을 통해서이고, 오로지 작품 안에서일 뿐이다. 반 고흐의 그림은 제품, 다시 말해서 농부의 한 켤레 구두의 진실을 보여주는 열림(開示)이다. 이 존재자가 자기 존재의 폭로 속으로 들어간다. 희랍인들이 알레테이아(폭로, alétheia)라고 불렀던 그 존재자의 폭로이다.

회화의 기원

유용한 것의 진실, 다시 말해서 제품의 제품성은 사용 불능, 끈 풀림, 느슨해짐 속에서 나타난다. 유용한 것의 진실은 유용하지 않고, 제품의 진실은 제품이 아니다. 구두라는 제품의 진실은 구두가 아니다. 사물에 대한 전통적인 개념인 질료-형식의 짝을 통하여 작품의 본질이 존재 폭로임을 밝혀낸 하이데거는 결국 마지막 심급에 이르러 유용성이나 무용성의 문제에 아무런 관심을 갖지 않게 되었다. 제품의 제품성으로서의 유용성은 어디까지나 질료-형식의 짝에서부터 파생된 가치인데, 그는 질료-형식의 이론 자체를 부정하기 때문이다.

반 고흐의 그림은 하이데거에게 있어서 이중적으로 무용지물이다. 그림 자체가 무용한 것인데 그것이 그리고 있는 대상 또한 텅 비어 사용할 수 없는 쓸데없는 제품-오브제로서의 구두이기 때문이다. 이 제품-오브제는 우리의 관심사인 유용성에 대해 아무것도 가르쳐 주지 않는다. 그것들은 사용불능이고, 현실적인 효용가치가 없다. 이런 상태의 신발은 유용한 것의 유용성이나 제품의 본질에 접근하려는 사람에게 아무런 쓸모가 없다. 따라서 그림은 3중의 무용성이다. 왜냐하면 이미 2중의 무용성(제품의 무용성, 작품의 무용성)이면서 또 유용성의 파악에 무용지물이기 때문이다.

그렇다면 반 고흐의 구두 그림은 회화에 대한 상징이 아닐까? 상징(symbol)은 그리스어로 심발레인(symballein)이다. 그것은 '함께 가져오는 것'이라는 의미이다. 하나의 사물이 그 자체 이상의 어떤 것을 함께 가져와 드러내 보여주는 것이 상징이다. 장미가 열정적인 사랑의 상징이라는 것은 그것이 우리에게 장미 자체와 함께 장미 아닌 열정적인 사랑을 함께 가져와 보여준다는 의미이다. 이것이 예술론에서 말하는 알레고리 혹은 상징이다. 반 고흐의 구두 그림은 구두 그림이라는 자체적 사물과 함께, 이 사물을 넘어서서 회화, 그리고 더 나아가 예술의 모습을 가져다준다(상징한다)고 할 수 있다. 그러므로 이 구두는 회화의 알레고리이며, 그림의 상징이다.

데리다는 『맹인의 기억들』에서 쉬베의 그림 제목이 왜 「그림의 기원」이 될 수 있는지를 말한 바 있는데, 같은 맥락에서 그는 반 고흐의 구두 그림 제목을 「회화의 기원」, 혹은 그냥 단순히 「그림」으로 할 수도 있다고 제안한다. 결국 이것은 회화 속의 회화라는 액자그림(mise-en-abime)인 셈이라는 것이다. 마치 소설 속의 이야기를 액자소설로 부르듯이.

구두끈 운동

화가들은 신발의 그림을 많이 그렸다. 신발에 대한 화가들의 생각은 물론 그 시대의 정신을 뛰어넘지는 못한다. 근대 이전 중세나 르네상스 시대에는 신발을 단순히 초상의 인물에 부착된 의류로서 그렸다. 그러나 신발이 일단 초상화의 주인공들에게 신겨지지 않고 한 옆에 버려진 채 있으면 그것은 고유의 상징성을 지닌 아주 중요한 것이 된다. 반 아이크의 「아르놀피니의 혼약」이 바로 그런 경우이다. 이 그림에서 신발의 상징은 종교적인 신성함이다. 19세기 이후 근대로 접어든 다음에는 프로이트의 정신분석학 이전이냐 이후냐에 따라 그림의 상징성이 달라진다. 19세기 후반 인상파의 시기에 반 고흐는 구두를 아예 그림의 주제로 삼아 그렸다. 한두 점이 아닌 아홉 점의 그림이다. 그 구두가 매끈하고 윤이 나는 세련된 도시인의 가죽 구두가 아니라 하필이면 낡고 찌그러져 볼품없이 뒤집어지고 끈이 풀어진 가죽 구두 혹은 나막신일 때 그것은 사회적 관심의 상징이 된다. 비록 반 고흐가 마르크스를 알지 못했다 하더라도 그것은 노동 계층에 대한 공감이라는 사실주의적 시대정신의 틀 속에 들어 있다. 마르크스와 함께 서구 문명의 사유를 근본적으로 뒤집은 프로이트의 정신분석학 이후 이제 그림들은 앞 다투어 신발을 그리지만, 그 신발은 더 이상 노동자의 노고와 신산한 삶이 밴 사실적인 구두가 아니다. 20세기 초현실주의 혹은 팝아트의 구두들은 어두운 무의식 속에서 들끓고 있는 억압된 성적 욕망의 상징으로서의 구두이다.

하이데거와 샤피로의 구두 논쟁에 뒤늦게 뛰어든 데리다는 구두라는 콘텐츠보다는 오히려 구두끈 운동이라는 하드웨어적 측면에 주목한다. 그는 하이데거의 글쓰기에서 구두창의 송곳 구멍 속으로 바늘을 솜씨 좋게 위아래, 안팎으로 잡아 빼는 숙련된 구두공의 날렵한

박음질을 본다. 그림에 대해 이야기하는가 하면 또 어느새 그림 밖의 다른 것에 대해 이야기하고, 무용성과 유용성의 들숨날숨이 규칙적인 구두끈 운동을 연상시킨다는 것이다. 상반된 것의 규칙적인 교대를 은유하는 구두끈 운동은 하이데거의 주요 개념인 fort/da를 연상시킨다. 독일어의 fort는 '저기 앞쪽에'의 뜻이고, da는 '여기에'의 뜻이다. 그러니까 fort는 나로부터 멀리 떨어진 '저기'이고, da는 나와 가까운 '여기'이다. 현존재의 Dasein에서 da가 바로 이것이다. 하이데거에게 있어서 모든 사유의 길은 거리두기에 의해 여기에서 저기로, 그리고 다시 저기에서 여기로 이어진다. '여기'의 인접성은 '저기'의 멀기를 자체 안에서 작동시킨다. 마치 구두끈이 왔다 갔다 하는 구멍 간의 거리에 따라 각기 다른 치수, 다른 모양의 구두가 만들어지듯 사유의 운동도 마찬가지다. 여기서 관계는 대립이 아니다. 데리다는 글쓰기 안에서 다시 이어야 하는 것은 바로 이 fort/da라는 이중의 구멍이라고 말한다. 우여곡절 끝에 결국 반 고흐의 낡은 구두끈은 하이데거의 존재적 진실과 데리다의 해체적 방법을 묶어주는 철학의 구두끈이 되었다.

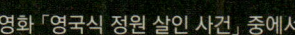
영화 「영국식 정원 살인 사건」 중에서

4장_영화읽기

영화 「영국식 정원 살인 사건」 중에서

1. 「영국식 정원 살인사건」의 신화, 역사 그리고 기호학적 해석

　「화가의 계약」(The Draughtsman's Contract)은 「요리사, 도둑, 그의 아내 그리고 정부(情夫)」로 우리나라에도 많은 팬을 확보하고 있는 피터 그리너웨이의 첫 번째 상업 영화로, 1982년도 작품이다. 우리나라 제목인 「영국식 정원 살인사건」은 프랑스의 제목을 따른 것이다. 원제 「화가의 계약」에서 '화가'와 '계약'이라는 두 단어는 영화의 성격을 압축해 보여주고 있다. 영화 안에서 그림은 구조적으로나 극적 줄거리 전개상으로나 지배적인 위치를 차지하고 있고, '계약'은 그레마스의 서사기호학을 곧장 떠올리게 하기 때문이다.

　화가 출신 감독답게 이 영화에서 피터 그리너웨이는 그림을 극 전개의 주요 모티브로 삼는다. 주인공인 화가 네빌이 컴튼 앤스티 영지에 오는 동기를 제공하고, 영지 주인인 허버트 씨의 수수께끼 같은 실종과도 관련이 있는 것으로 암시되는 등, 그림은 시종 줄거리의 경표(警標) 역할을 한다. 영화 속 화가의 그림은 채색화가 아니라 흑백 연필화의 드로잉(draughtsman은 painter와 달리 드로잉 화가를 뜻한다)이지만 영화 전체의 화면은 카라바지오나 조르쥬 드 라 투르 같은, 그림에 어둠을 도입한 르네상스 화가들의 회화를 연상시킨다. 마이클 니만(Michael Nyman)의 단조로운 바로크 음악은 영화의 신비한 분위기를 한층 돋워준다.

도입부의 메타필름적 대사는 정원과 자두, 물과 불, 집, 쿠어시 공작이 물에 빠뜨려 죽인 수력기사의 이야기 등 영화의 모티브를 관객에게 모두 미리 보여준다. 시대는 1694년 여름이 끝날 무렵. 계약의 증인 역할을 하는 인물 노이즈(Noyes)의 이름은 noise와 발음이 같아 관객에게 한 시대의 소문을 들려준다는 것을 예고하고 있다.

가시성과 언표, 혹은 시각적인 것과 언어가 인식의 양대 요소로 후기 구조주의 철학자들에게 중요하게 부각되었듯이, 기호학과 구조주의를 충실히 계승한 피터 그리너웨이의 이 영화에서도 그림과 언어는 가장 기본적인 두 요소이다. 그림은 정적이고 평면적이며, 언어는 은유적이고 잔인하다. 17세기 프랑스의 살롱에서 유행하던 겉멋 부리는 말투 프레시오지테를 연상시킨다.

그레마스의 서사기호학

영화의 주요 주제가 계약이라는 점에서 이것은 전형적인 서사 논리를 따르고 있다. 그레마스가 이야기(récit)의 기본 개념으로 제시한 사기, 배신, 싸움, 유혹, 계약 중 계약은 가장 전형적인 서사구조이기 때문이다. 그에 의하면 모든 이야기는 여섯 개의 기본적인 기능을 작동시킨다. A의 위임을 받은 B가 D를 위해서 C를 찾아 나선다. 이 과정에서 그는 E의 도움을 받거나 F의 방해에 직면한다. 이 여섯 개의 항이 각기 이야기의 행위자(actant)이고, 그 명칭은 A=발신자(destinateur), B=주체 혹은 주인공(sujet), C=대상(objet), D=수신자(destinataire), E=원조자(adjuvant), F=반대자(opposant)이다.

그레마스는 프로프의 민담 분석을 토대로 이와 같은 행위자 모델을 만들어 냈다. 그에 의하면 모든 이야기에는 이야기 안에서의 역할과 관계에 따라 규정되는 전형적인 인물들이 있다. 이 전형적인 인물이 바로 행위자(actant)이다. 행위자의 명칭은 이야기 안에서 "누가 무엇을 부족해 하는가?", "누가 무엇을 획득하는가?", "누가 추구의 작업을 통해 부족에서 획득으로의 이행을 가능케 하는가?", "누가 찾기(추구)를 도와주는가?", "누가 찾기(추구)를 방해하는가?"라는 다섯 가지 질문에서부터 결정된다.

무엇을 부족해 하는 사람이 발신자(destinateur)이고, 그가 부족해하거나 원하는 것은 대상(objet)이다. 이 '대상' 혹은 '원하는 것'을 획득하는 사람은 수신자(destinataire)이다. 위험한 모험을 통해 부족에서 획득으로의 이행을 실행시키는 사람은 영웅 혹은 주인공(héros 혹은 sujet)이다. 대상을 추구하는 일을 도와주는 사람은 원조자(adjuvant)이고, 추구를 방해하는 사람은 반대자(opposant)이다. 이 여섯 행위자의 상호관계를 도표로 그리면 다음과 같다.

발신자 → 대상 ← 수신자

↑

원조자 → 주인공 ← 반대자

　'발신자', '수신자'라는 말이 모호하게 들린다면 발신자가 '편지를 부치는 사람', 수신자는 '편지를 받는 사람'이라는 최초의 의미를 생각해 보기 바란다. 새로운 이야기를 글로 써서 상대방에게 편지를 부치는 사람처럼 발신자는 이야기에 시동을 거는 사람이다. 그는 자기가 원하는 대상을 정하고, 지금 자기에게 부족한 그 대상을 가져다줄 만한 영웅(주인공)을 부른다. 대상은 발신자와 주인공이 힘들게 추구하는 바의 어떤 것이다. 이때 발신자와 주인공 사이에 계약이 이루어진다.

　주인공은 발신자의 요구에 따라 그와 계약을 맺고 추구의 대상을 가져오는 임무를 수행할 작업에 돌입한다. 반대자는 주인공의 추구 행위를 방해하는 자이다. 수신자는 제일 마지막에 추구의 대상물을 받는 사람이다.

　이것이 바로 그 유명한 그레마스의 행위자 모델(modèle actantiel)이다. '행위자'라고 하지만 반드시 사람을 뜻하는 것은 아니고, 장소나 사건, 상황일 수도 있다. 예컨대 주인공의 의식이 주인공 자신에게 반대자의 역할을 할 때도 있다. 또 한 인물이 한 기능만을 하는 것도 아니고 여러 인물이 한 기능을, 혹은 한 인물이 여러 기능을 동시에 수

행할 수도 있다. 주체(주인공)가 동시에 수신자가 될 수 있고, 수신자가 또한 스스로 발신자가 될 수 있다. 원조자는 상호 소통을 돕고, 원하는 것을 얻는 방향으로 활약함으로써 주인공을 돕는다. 그러나 반대자는 욕망의 실현이나 대상의 전달을 방해함으로써 지장을 초래한다. 이때도 역시 하나의 인물이 원조자이며 동시에 반대자일 수도 있다.

「화가의 계약」은 서너 개의 행위자 도식이 연속적으로 부가되어 있어서, 그레마스의 서사기호학을 적용하기에 아주 적합하다.

계약을 주제로 한 행위자 도식의 분석

허버트 부인은 컴튼 앤스티(Compton Anstey) 영지 내의 정원과 건물의 경치 12장을 그려달라고 화가 네빌에게 부탁하여 증인 입회하에 계약을 맺는다. 기간은 12일간으로 한정되었다. 네빌은 경치의 사소한 변화도 모두 그림 안에 포함시키겠다는 조건을 제시한다. "나는 경치 안의 아주 작은 변화도 꼼꼼히 주목합니다. 일단 작업을 시작하면 어떤 결말에 이르든 간에 그 원칙을 지키려 합니다." 그래서 그림을 그리는 시간 동안 집안의 사람이나 가축이 경치 안에 들어오지 못하도록 엄격하게 제한해 줄 것을 요구한다. 그러나 '경치 안의 작은 변화도 꼼꼼하게 주목한다'는 원칙 때문에 결국 네빌의 그림 안에는 수많은 불청객들이 포함되게 된다. 갑자기 하녀가 창문을 열고 시트를 털기도 하고, 양떼가 달려오기도 하고, 셔츠가 이젤 앞에 걸려 있기도 하기 때문이다.

"네빌 씨, 저 셔츠는 그림 앞면에 너무 튀어나와 있군요. 그걸 좀 가릴 수는 없나요?"

"나는 아무것도 왜곡하거나 못 본 체하지 않으려 애썼습니다."

"그게 당신의 작업 원칙인가요?"

"아마 그런 것 같습니다."

더욱 기상천외한 것은 12장의 그림을 그리는 동안 화가가 영지의 지리적 장악은 물론 허버트 부인의 육체를 마음대로 사용해도 좋다는 계약 조건이다. 부인은 인근 지역에 출타 중인 남편이 돌아오면 이 그림들을 선물하겠다고 했다. 그녀의 딸인 탤맨 부인이 "당신이 아마도 화해의 도구가 될 것이다"라고 한 말은 허버트 부부의 사이가 좋지 않음을 짐작케 한다. 탤맨 부인이 "아버지가 좋아하는 순서는 집, 정원, 말, 아내"라고 했을 때 우리는 더욱더 이 가정의 불화를 확인할 수 있다.

이렇게 해서 허버트 부인(a)의 위임을 받은 네빌(b)은 12장의 그림(c)을 그리는 일에 착수한다. 부재중이기는 하지만 수신자는 어디까지나 허버트 씨(d)이다. 허버트 부인은 자신의 육체와 소유지(e)를 네빌에게 주었다. 여기서 반대자는 허버트 부인의 사위인 탤맨 씨이다. 그와 네빌과의 반목은 두 사람의 옷 색깔이 정반대인 것으로 상징된다.

탤맨 부인은 어머니와 네빌의 계약 내용을 문제 삼아 네빌 씨와 두 번째 계약을 맺는다. 이 계약에 따라 네빌은 그녀가 비밀을 지키는 대가로 자기 몸의 사용을 그녀에게 양도한다. 이 두 번째 계약은 그러니까 시종일관 유효한 허버트 부인과의 첫 번째 계약과 접목된다. 이어 허버트 씨가 실종되었고, 탤맨 부인(a)은 아버지의 실종 사건에 네빌이 연루되었음을 보여줄 수도 있는 징후들에 대해 침묵한다는 조건으로 네빌(b)에게 그의 후의(c)를 요구한다.

"당신을 보호하고, 나를 만족시킬 수 있는 어떤 일을 우리 함께 할 수도 있지 않겠어요?" 이 새로운 계약의 수신자(d)는 겉보기와는 달리 탤맨 부인이 아니라 영지를 지키기 위해 후계자를 마련해야 한다는, 보다 고차원적인 긴요한 이유이다.

"우리는 계약을 했어요, 그렇지 않나요? 내가 단지 쾌락을 위해서만 그렇게 했다고는 생각하지 않으시겠죠?"

허버트 씨가 시체로 발견되고, 영지의 집사인 노이즈가 살인사건을 밝혀내기 위해 주위를 수색한다. 두 번의 계약에 다 배석했던 그는 부인을 사이에 두고 허버트 씨와 경쟁하다가 결국 그녀와 결혼하지 못했고, 그 보상으로 영지의 관리를 맡은 인물이다.

개인적 야망과 자신을 보호하려는 욕구(a)의 위임을 받은 노이즈 씨(b)는 자기가 입을 다무는 조건으로 자기에게 네빌의 그림(c)을 달라고 허버트 부인에게 요구한다. 그는 허버트 부인과 화가의 부정한 관계를 문서화했던 계약이 부인을 남편의 살해자로 조작하기 위한 음모였고, 이 그림들은 그 원계약의 일종의 카피라고 주장한다.

그림의 양도를 주장하는 또 하나의 이유는 그 그림들을 팔아 열세 번째 그림의 경치 속에 허버트 씨에게 바치는 기념비를 하나 짓기 위해서라고 했다. 이 요구에 대해 반대자는 없고, 허버트 부인은 영지의 집사에게 그림을 구입할 권한을 주는 계약을 맺는다.

이 살인사건에서 노이즈는 아주 수상한 인물이다. 그는 허버트 씨가 금요일에 돌아오기로 되어 있다는 것을 아는 유일한 사람이다. 시체가 발견된 장면에서 그가 부재중인 것도 이상하다. 허버트 부인에게 자신의 결백을 호소하는 대사는 더욱 그를 의심스럽게 만든다.

"허버트 씨의 서재에는 이상하게 서류들이 흩어져 있습니다. 그리고 내 장갑도 거기에 있었지요. 이 음모에 대해 저는 부인의 보호가 필요합니다."

노이즈는 자신의 혐의를 벗기 위해서 더욱더 네빌이 수상하다는 이야기를 퍼뜨리고 다니면서 주변에 불화를 심는다. 그림 안에 탤맨 부인의 부정한 행위를 암시하는 징표가 있다는 노이즈의 말에 촉발되어 탤맨 부부가 언쟁을 벌인다.

탤맨 부인은 "루이스, 그림들은 또다른 종류의 증거를 담고 있어요. (…) 네빌 씨가 아버지의 죽음에 대해 알고 있다는 증거요"라는 말로 질투에 사로잡힌 남편의 의심을 화가 네빌에게 돌리면서 그림에 대한 다른 방식의 판독을 제안한다.

네빌(b)이 로데어데일 공작 집에 잠시 다녀온 후 호기심(a)에 사로 잡혀 컴튼 앤스티로 되돌아와 다시 서사의 주도적 역할을 한다. 그는 외면적으로는 대등하게 허버트 부인과 세 번째 계약을 맺는다. 낮에, 테이블에서, 증인 없이 서명한 이 계약은 두 여자와 체결한 앞의 두 계약을 공식적으로 반복하는 내용이다.

그는 미완성이었던 열세 번째 그림(c)을 다시 그리기 시작하는데 허버트 부인은 이 장소를 그리는 것에 반대한다. 이곳은 허버트 씨가 시체로 발견되는 곳이기도 하다. 그가 컴튼 앤스티 영지로 되돌아와 죽음을 맞게 되는 것은 투명하게 모든 것을 알고 싶다는 앎에의 욕구 때문이었다.

마침내 가장 중요한 최종적인 계약, 즉 두 여인의 하인들에 의해 열세 번째 그림의 장소에서 화가를 처형한다는 계약이 노이즈와 하인들 사이에 맺어진다. 사람들은 허버트 씨의 시체를 건져 올린 해자(垓子) 앞에서 살인의 누명을 씌워 네빌의 눈을 불로 지져 실명시키고, 이어서 해자에 던져 익사시킨다.

예술에 대한 질문

「화가의 계약」은 기호학과 구조주의의 영향을 받은 아방가르드적 영화이기는 하나, 전통적인 신화·역사적 요소도 역시 풍부하게 들어 있다. 뿐만 아니라 고도의 예술적 문제에 대한 질문을 던지고 있기도 하다. 네빌의 죽음은 구질서의 종말이라는 상징성 말고도 창조주에 대한 창작물의 복수, 또는 작가에 대한 작품의 복수를 상징하는 것으로 볼 수도 있다. 그는 결국 자신의 열세 번째 그림 때문에 살해되었으니 말이다. 그리고 거기에는 그리너웨이의 영화가 언제나 그렇듯이 섹스가 매개되어 있다.

여러 장르를 넘나드는 피터 그리너웨이는 자기 영화가 그 자체로 하나의 세계이며, '현실'과는 아무 관계가 없고, 어떤 연관성도 없다고 말한 바 있다. 예술, 섹스, 죽음을 결합시키면서 세계에 대한 특이한 비전을 전달하는 피터 그리너웨이의 미학이 이 영화에서도 어김없이 작동되고 있다. 그러나 좀 더 우리의 관심을 끄는 것은 영화의 형식과 관련된 포스트모던적 미학이다.

2. 프레임과 파레르곤
―「영국식 정원 살인사건」을 통한 데리다 읽기

처음에는 「영국식 정원 살인사건」(원제 「화가의 계약」)이라는 제목에 이끌렸다.

나는 세상의 모든 정원이 다 좋다. 나무의 푸르름, 화려한 색깔의 꽃, 흙을 뒤덮은 풀잎들이 있는 정원은 그대로 천국이다. 아닌 게 아니라 파라다이스라는 말은 고대 페르시아에서 정원을 뜻했다고 한다. 살인사건도 흥미로웠다. 영국, 정원, 살인사건이라는 단어들의 조합에서 아가다 크리스티가 연상되었다.

영화는 아름다운 정원이 나오기는 하지만 흥미진진한 살인사건의 이야기는 없었다. 보통의 추리극이라면 손에 땀을 쥐게 하는 긴장감 후에 속 시원히 수수께끼가 풀리는 논리적 카타르시스가 있게 마련인데 이 영화에는 두 건의 살인사건이 있기는 하지만, 영화가 끝나도록 누가 왜 죽였는지 도무지 알 수가 없다. 뭔가 속은 듯한 허탈감마저 느껴진다.

그러나 내 시선을 강렬하게 사로잡은 것은 사각형의 유리판으로 된 스케치용 보조기구 뷰파인더였다. 어릴 때 직업이 없는 먼 친척

아저씨가 집에 와 기거하고 있었다. 뒷마당에서 장작도 패고 나와 놀아 주기도 하면서 소일하던 그는 내게 손바닥만한 사각형의 유리판을 주며 그것이 그림을 그리는 도구라고 말했다.

격자 눈금이 쳐 있는 그 유리판을 통해 바라보면 신기하게도 먼 경치가 축소되고 압축되어 사각형 안에 들어왔다. 종이에 똑같은 수의 격자 선을 그어 놓고 유리판의 경치를 확대해서 그대로 옮겨 그리면 풍경을 실제와 똑같이 그릴 수 있을 것 같았다.

내 머릿속의 한 컷으로 남아 있는 그 손바닥만한 유리판의 기억이 커다란 뷰파인더로 확대되어 영화의 화면을 가득 메우고 있었다. 르네상스 혹은 고전주의 시대의 그림들이 그토록 사실적일 수 있었던 것은 당시로서는 첨단 기술의 소산이었음이 짐작되었다.

영화 속의 뷰파인더는 TV 화면만큼 컸고, 대에 고정되어 화가의 앞에 설치되어 있었다. 화가 네빌이 열두 장의 그림을 그리므로 격자 눈금의 사각형 액자는 한 열두 번쯤 등장했다. 그때마다 배경음으로 깔리는 마이클 니만의 단조로운 음악은 처음에는 무심했고, 다음에는 뭉클했고, 그 다음에는 눈물이 나왔다.

모든 반복에는 중독성이 있다. 약하고 하찮은 것이라도 완강하게 반복되면 나중에 폭발적인 힘을 갖는다.

내게는 이 영화의 주인공이 화가 네빌도, 장원의 여주인 허버트 부인도 아니고 사각형의 유리 액자인 뷰파인더이다. 그것이 액자, 프레임, 파레르곤의 이론을 불러왔다. 피터 그리너웨이는 프레임을 말하고 데리다는 파레르곤을 말한다. 프레임도 파레르곤도 둘 다 액자로 수렴되고, 그것들은 서로 상승작용을 하며 액자효과를 일으킨다.

데리다를 통해 그리너웨이를 보고, 그리너웨이를 통해 데리다를 읽기로 한다.

언어의 놀이, 텍스트의 해체

'시니피앙(記表)들의 자유로운 놀이'는 포스트모던 미학의 중요한 특징 중 하나이다. 여기서 '놀이'(英 play, 佛 jeu)는 기계의 부품이 정확하게 맞지 않고 느슨하게 되어 있다는 의미이다. 예컨대 문의 여닫이를 쉽게 하기 위해 문틈에 여유를 둘 때, 프랑스어로 "문에 놀이를 준다"(donner du jeu à une porte)고 하며, 자동차의 "핸들 조작에 여유가 있다"(즉, 핸들을 돌리는 만큼 미세하게 자동차의 방향이 바뀌지 않는다)고 할 때 "핸들에 놀이가 있다"(Il y a du jeu dans la direction)고 말한다. 우리말에서도 기계 부품 사이가 딱 맞지 않고 여유가 있을 때 '논다'라고 말한다. 운전면허 필기시험 문제집에서는 핸들의 여유분을 '유격'(遊隔, 노는 간격)으로 표현한다.

'시니피앙의 놀이'는 시니피앙과 시니피에(記意)가 정확하게 서로 딱 들어맞지 않는다는 의미이다. 시니피앙은 한 단어의 청각적 이미지이고, 시니피에는 그 단어의 의미 혹은 개념이다. 예컨대 '꽃'이라는 말의 발음 혹은 문자적 측면이 시니피앙이고, 그것이 의미하는

'꽃'이라는 물건의 개념이 시니피에이다. 그러나 꽃은 항상 그 원래의 의미인 꽃만을 의미하지 않고, 아름다운 여자 혹은 구성원 중의 자랑스러운 대표를 의미하기도 한다. 이처럼 하나의 시니피앙은 끊임없이 미끄러져 다른 시니피에와 결합되거나, 처음부터 엉성하게 되어 유일한 의미가 아니라 수없이 많은 의미를 지니고 있기도 하다. '놀이'라는 단어만 해도 어린이의 유희에서 기계 부품의 여유에 이르기까지 이미 수많은 시니피에를 갖고 있지 않은가.

결국 모든 언표, 모든 텍스트, 모든 현상의 의미는 정확히 하나가 아니라 말하는 사람의 기능에 따라 달라진다. 대상들의 현전에 대한 결정적인 유일한 설명은 없으며, 그것을 해석하는 사람이나 상황에 따라 각기 다른 의미가 구축될 뿐이다. 이와 같은 해체적 읽기에 의해 모든 해석은 상대적 가치를 지닌다.

자동차 핸들의 유격처럼 기계 부품 사이의 여유인 '놀이'는 기계의 정상적인 작동에 있어서 필수적인 비결정성(非決定性)이다. 그러나 기계의 속도가 지나치게 가속화되거나 통제 불능의 방식으로 운행될 때, 이것은 기계 자체를 해체시킬 위험이 있다. 그러므로 해체적 글 읽기의 전략을 드러내는 용어로 이보다 탁월한 단어는 없을 것이다. 텍스트의 놀이를 가속화시켜 마침내 직조(織造)가 그 씨줄과 날줄의 흔적들을 낱낱이 드러내게 될 때까지 텍스트를 해체시키는 것, 그것이 데리다의 해체 개념이다.

액자의 해체

그는 하나의 중심 혹은 현전이 모든 언표의 기원이라는 것을 거부하고, 저자에 의해 창조된 체계의 밖에 안정적이고 '초월적인' 단 하나의 의미가 있을 수 있다는 가능성을 반박한다. 그러니까 한 작품에서 끄집어낼 최종적 의미 혹은 시니피에는 없다. 독서는 끊임없는 활동성이고, 변형성이고, 복수성(複數性)이다. 그러므로 모든 작품의 해체적 읽기가 필수적이다.

한 예술작품의 해체적 독서란 구체적으로 무엇을 뜻하는가? 은유적으로 말하면 그것은 액자(프레임)의 해체와 탈구(脫臼)라는 과정을 거친다. 액자는 그림 혹은 사진에 사각형의 테두리를 둘러 그림과 그림 아닌 것, 사진과 사진 아닌 것을 구분하고, 내부가 밖으로 혹은 외부가 안으로 침투하는 것을 막는 기능을 한다. 텍스트에 대해서도 마찬가지 얘기를 할 수 있다. 대상의 설정과 문제 제기는 그것 자체가 벌써 테두리의 설정이고 액자 안에 끼우기이다. 테두리란 경계선, 구획 짓기, 가장자리, 가분성(可分性)이다.

전통적 예술비평은 언제나 예술작품 주변에 미학의 이론적 구조를 설치하였다. 그런 점에서 미학이란 액자의 담론이라 할 수 있다. 예술작품의 안과 밖에 놓여 있는 것을 다루면서 무엇이 예술이고 무엇이 예술이 아닌지를 규정짓고 있기 때문이다. 모든 액자가 내용물에 한계를 짓고 강제하듯 예술 비평 이론도 작품을 강제한다. 그런 점에서 예술작품에 '최초의' 의미를 복원시킨다는 로고스 중심적 비평 행위는 그 자체가 폭력이고, 음모*이다. 예술 작품을 순전히 이론과 지식의 대상으로 예단하는 비평의 담론은 스스로의 이중구속에 빠지게 된다. 이분법적 대립 개념을 통해 특정의 경계와 구획을 설정한 후 내부적 의미를 중시하는듯 하지만 막상 예술의 정의는 외부에서부터 규정하려 하기 때문이다. 역사적으로 경직된 비평 이론이 예술에 강요했다고 데리다가 주장하는 것이 바로 이 구조, 이 테두리이다. 해체적 읽기가 액자의 와해를 전제로 해야 하는 이유도 바로 그것이다.

"예술 일반을 생각할 때 우리는 어김없이 예술작품에 대한 전통적 해석인 일련의 대립들을 중시한다. 즉 내부에 불변이며 단 하나인 의미가 있고, 외부에는 다수의 다양한 의미가 있다는 식이다. 이 외부적 의미를 통해 마치 베일 너머로 보듯, 완전한 최초의 의미, 즉 벌거벗은 하나의 단일한 의미를 바라볼 수 있다고 우리는 믿고있는 것이다"『그림 속의 진실』이라고 데리다가 말했을 때 그는 벌써 액자의 해체를 시작한 것이다. 데리다의 기획은 이 구조의 액자 효과를 해체하고, 그것을 파레르곤의 이름으로 대체하였다. 파레르곤은 바로 칸트 자신이 사용했던 단어인데, 데리다는 칸트의 미적 판단을 해체하기 위해 이 파레르곤이라는 단어를 출발점으로 삼았다.

---

* Thomas Deane Tucker가 사용한 frame-up이라는 말은 프레임을 덧씌운다는 기본적 의미에서 남에게 교묘하게 죄를 뒤집어씌운다는 음모의 의미까지 지녀 액자 비판 이론에는 아주 적합하다.

칸트의 파레르곤

칸트가 박식한 사어(死語)인 파레르곤(parergon)을 희랍어에서 빌어왔을 때, 그는 이 단어에 개념적인 위엄을 부여했다. 그것은 단순히 에르곤(ergon, 작품)의 밖에 있는 것이 아니고, 작품의 한 옆에서 작품에 반(反)하여 작용하는 어떤 것이다.

'작품의 밖' 그것을 프랑스어로 번역하면 글자 그대로 오르 되브르(hors d'œuvre)가 된다. 오르 되브르는 코스 요리에서 육류나 생선의 주요리 이전에 미리 먹는 애피타이저이다. 우리말 요리책에서 흔히 '오드블'이라고 표기되는 전채(前菜)이다. 메인 요리가 아니어서 덜 중요하기는 하지만 그러나 메인 요리를 보완하는 매우 중요한 요리, 바로 이 코스 요리의 용어가 파레르곤의 가장 정확한 번역이다. '작품의 밖', 그러니까 가장 중요한 중심적 요소에 비해 부수적이고, 이질적이고, 이차적인 물건, 또는 보완, 지엽말단, 나머지 등이다. 작품에서 스스로 분리되면서 중심적 주제가 되지 않는 어떤 것이다. 그러니까 단순히 밖도 아니고 안도 아니다. 요컨대 파레르곤이란 정확히 분리될 수 없는 분리 혹은 떼어내기 힘든 떼어냄이다.

그것은 우선 안과 밖의 접근(a-bord)이다. '접근'이라는 의미의 프랑스어 단어 아보르(abord)에서 bord는 고(古)독일어의 bort(탁자, 널반지, 뱃전)가 그 어원이다. 어원을 거슬러 올라가 보면 의미의 연쇄를 포착할 수 있다. bord는 원래 널판이었다. 처음에는 배의 가장자리, 즉 널빤

지로 된 제작물이었다. 이어 환유(換喩)에 의해 가장자리를 형성하는 것, 안에 무엇을 담는 것, 경계 지우는 것, 제일 끄트머리에 있는 것이 되었다. 이것이 리트레 사전의 정의이다. 뱃전에서 액자로 이어지는 외견상 무심한 이 테두리가 바로 파레르곤이다. 화려한 양난 화분의 아래 부분에 끼워 넣은 키 작은 풀잎 화분들, 상품 포장의 예쁜 리본과 종이들, 요리를 담는 멋진 그릇들이 모두 우리 주변의 파레르곤이다.

칸트는 조상(彫像)과 건물의 열주(列柱)와 그림의 액자를 파레르곤의 예로 들었다. 우선 조각상이 걸치고 있는 옷은 조각상의 전체적 재현을 구성하는 한 부분으로 내부도 아니고, 내재적인 것도 아니면서, 오로지 덧붙임, 추가, 첨가, 보완이라는 외재적 방식으로만 조각상에 속해 있다. 나체를 가리며 동시에 장식해 주는 조각상의 옷은 재현의 중심에 속하지 않으면서 작품의 가장자리에 부착되어 있다는 점에서 오르 되브르(hors-d'œuvre)(작품의 밖)이다. 이 작품에서 재현된 것은 나체이고 자연이다. 그렇다면 거기에 덧붙여진, 인체도 아니고 자연도 아닌 옷은 재현의 본질에 비해 부수적인 것, 중요하지 않은 것, 이차적인 것이다.

물론 재현의 중심과 전체, 내부와 외부라는 이 경계 짓기는 분명하지 않을 때가 많다. 어디서부터 옷이 시작되는지, 그러니까 파레르곤이 어디서 시작되어 어디서 끝나는지 의심스러운 경우도 있다. 예컨대 성기만 가리고 있는 것, 또는 완전히 투명한 베일은 무엇이라고

루카스 크라나흐, 「루크레티아」 1533년
Oil on panel, 22.5 X 36cm, Staatliche Museen zu Berlin

해야 할는지도 난감하다. 실제로 크라나크(Cranach)의 여인상 뤼크레스(Lucrèce)는 성기 앞에 가볍고 투명한 베일 한 조각만 두르고 있다. 이때 파레르곤은 어디에 있는가?

이 여인상은 칼을 살에 댄 채 자기 자신을 향해 겨누고 있는데, 그녀의 벗은 몸의 일부가 아닌 이 칼을 파레르곤으로 간주해야 할까? 그녀가 목에 걸고 있는 목걸이도 파레르곤으로 생각해야 할까? 이것은 재현의 본질에 관한 문제, 안과 밖의 문제, 경계 짓기의 기준 문제, 자연성의 가치에 대한 문제와 관련된다. 또 원칙적으로 인체와 그 특권에 관한 문제이기도 하다.

웅장한 건물 주변에 늘어선 기둥들도 역시 보완적 파레르가(parerga, parergon의 복수)이다. 그것은 조각상의 옷보다는 덜 모호하다. 그러나 여전히 의심스러운 부분이 있다. 왜냐하면 건축물은 아무것도 재현하지 않고, 그 자체로 자연에 덧붙여진 한 작품이기 때문이다. 무엇이 인체의 고유한 성질이고 무엇이 그렇지 않은지, 무엇이 몸에서 분리되고 그렇지 않은지를 우리는 잘 알고 있으므로 조각상에서의 파레르곤은 비교적 식별이 쉬웠다.

그러나 건축 작품은 재현이 아니어서 그것의 안과 밖, 혹은 전체를 구성하는 부분과 거기서 분리시킬 수 있는 부분을 구별하려는 사람을 매우 당황하게 만든다. 작품 자체가 재현이 아닌데 그 외부의 것을 재현이 아니라는 이유로 분리시키기 어렵다는 이야기다. 그러나 모든 작품이 이미 재현이 아니게 된 현대에 이르러 칸트의 이런 불편

함은 전혀 문제가 되지 않는다.

　작품과 작품 아닌 것의 경계를 짓고 작품에 테두리를 둘러친다는 점에서, 회화의 액자 혹은 가두리 장식은 가장 전형적인 파레르곤이다. 그러나 칸트는 세련된 액자와 천박한 액자를 구분하여, 천박한 색칠로 작품의 예술성을 훼손시키는 액자를 파레르곤의 타락으로 정의한다. 이때 칸트가 내세우는 기준은 형태와 색채이다. 액자 혹은 가두리 장식이 형식에 의해 작품에 간섭한다면 재현 고유의 내재적 미감에 기여할 수 있다. 그러나 그것이 아름답지 않으면, 즉 형식미가 없으면 한갓 장식으로 떨어져 작품의 미를 해치게 된다. 감각적 매혹으로 우리를 유혹하는 좋지 않은 액자의 예로 칸트는 금칠한 액자를 들었다. 감각적 질료로서의 색채, 금칠 등이 파레르곤의 타락, 부패를 보여주는 장식성이라는 것이다. 그가 가장 좋은 테두리의 예로 든 것은 당초문(唐草紋) 같은 선묘(線描)의 가두리였다. 비록 액자에 한정시키기는 했지만, 형태와 색채라는 미술의 양대 요소에서 형태에 우월성을 부여하고 장식성을 예술의 타락으로 보는 칸트의 미의식을 여기서 엿볼 수 있다.

　작품이 분리되었다고 해서 다 파레르곤은 아니다. 사원 건축물 옆의 땅이 사원과 분리되어 나란히 있다고 해서 그것을 파레르곤이라 부르지는 않는다. 그러나 조각상이 걸치고 있는 옷이나 건축물 외벽의 열주(列柱), 그리고 회화의 액자는 파레르곤이다. 왜일까? 그것은 서로 분리되기 때문이 아니라 서로 분리되기 어렵기 때문이다. 그것들을 파레르가로 만들어 주는 것은 그것이 단순히 여분이어서가 아니라 에르곤이 그것을 필요로 하기 때문이다. 결국 파레르곤은 내부에 자체적인 결핍, 즉 작품의 결핍이 있기 때문에 존재하는 것이다. 작품의 결핍이 없으면 파레르곤의 필요성도 없어진다.

결국 모든 중심적인 작품에 붙여진 부가적 이차적인 테두리, 보충, 과도함이 파레르곤이다. 그것은 안과 밖의 혼합이지만, 뒤섞임이나 반반씩이 아니고 안의 안으로부터 불림을 받아 안이 되어 버린 밖이다. 한 마디로 안도 아니고 밖도 아닌, 모호한 불확정성의 경계이다.

드로잉과 액자효과의 파레르곤적 성격

가장자리, 액자, 경계선을 뜻하는 우리말 '테두리'는 영어로 프레임(frame), 프랑스어로는 카드르(cadre)이다. 이는 독일어 Einfassen(둘러싸다, 틀에 끼우다, 보석을 박아 넣다)이 가진 모든 기능, 즉 모든 것을 한데 모으고 구성하며 조립하고 박아 넣고 끼워 넣으며 경계 짓고 촘촘하게 조이고 손질하는 기능을 포함한다. 칸트는 예술작품을 설명하는 과정에서 파레르곤 개념을 엄격히 규정하여 재현의 밖, 재현과 나란히 있는 것만을 파레르곤이라고 불렀다. 그러나 데리다는 이를 무한히 확대하여 일체의 경계선은 모두 파레르곤이라고 하였다. 그에게는 모든 선(線), 모든 경계선, 모든 사각형의 프레임이 파레르곤이다.

당연히 선묘(線描)들의 선이 안과 밖의 경계선을 이루고 있는 드로잉도 파레르곤이다. 이는 드로잉이 갖고 있는 두 가지 경계선의 성질 때문이다. 첫째, 드로잉은 섬세한 선들로 구성되는데, 그 선 자체가 이쪽과 저쪽의 공간을 가르는 경계선이다. 둘째, 재현이라는 예술 일반의 문제에서 그것은 경계선이다. 드로잉의 선묘가 그리는 것은 현실 속 어떤 사람 혹은 사물이다. 드로잉은 이 현실 속 사람 혹은 사물을 재현 또는 복사한다. 아무리 똑같이 재현해도 재현된 그림은 실재의 사물 또는 사람과 똑같지는 않다. 매우 비슷하지만 그 사이에는 구분 짓는 경계선이 있다. 재현된 것과 재현하는 것 사이의 경계선, 그것이 바로 드로잉이다. 모든 경계선은 파레르곤이므로 결국 드로잉은 하나의 파레르곤이다.

우리가 액자소설이라고 말할 때 쓰는 개념인 모든 액자효과(mise en abime)도 파레르곤이다. 액자효과의 어원은 서구 귀족가문의 문장(紋章)이다. 문장은 방패꼴 중심부분에 작은 액자가 있고, 이 액자 안에 문장 전체 문양이 축소되어 다시 들어 있는데 이 축소된 문양을 아빔(abime)이라 한다. 아빔은 원래 '심연'이라는 뜻이다. 즉 액자효과(미즈 안 아빔)란 그림 속에 큰 그림과 똑같은 작은 그림이 마치 심연처럼 한가운데 빠져 있는 방식의 예술작품이다. 이야기 속에 또 다른 이야기가 들어있는 『돈키호테』 이래 액자소설은 무수히 많지만, 회화에서의 액자효과는 르네 마그리트의 그림들이 인상적이다. 그림의 액자 자체가 사각형인데, 그 사각형 안에 또 다른 사각형이 들어 있는 그림들을 그는 유난히 많이 그렸다.

유명한 그림인 「이것은 파이프가 아니다」도 그렇지만, 새가 그려져 있는 이젤 앞에서 그림을 그리고 있는 화가 자신의 자화상인 「통찰력」, 나체의 여자가 손에 들고 있는 거울 안에 여인의 나체 부분이 다시 들어 있는 「위험한 관계」 등이 모두 액자 속의 액자 그림들이다. 「변증법 예찬」은 제목이 암시하듯 헤겔의 한 구절을 형상화하고 있다. 직사각형 벽 안에 직사각형 창문, 창문 속에 또 직사각형 건물이 방패꼴 중심처럼 박혀 있는 이 그림에서 그는 "외부 없는 내부는 내부조차 구성할 수 없다"는 헤겔의 구절을 일종의 제사(題辭)로 인용하고 있다. 외부 없이는 내부도 없다는 헤겔의 말은 2백 년 전에, 그리고 거기서 액자효과를 발견한 마그리트는 70년 전에 이미 경계선의 넘나듦이라는 데리다의 파레르곤 이론을 언표로 그림으로 보여주고 있는 것이다.

영화의 프레임

프레임(액자)은 또 하나의 프레임인 영화 프레임으로 자연스럽게 의미 연쇄의 이동이 일어난다. 영화에서 프레임은 두루마리로 된 셀룰로이드 필름 표면에 규칙적으로 나뉜 사각형의 화면들이다. 사전적 정의는 '이미지 혹은 화면 영역의 경계'이고, 극장 안에서는 '스크린의 경계'이다. 영화 촬영 기법에서 프레임은 미장센(mise-en-scène)의 틀이자 편집의 구성 단위이다. 화면의 구성이나 사물 및 인물의 배치와 관련해 하나의 시각적 틀을 제공하는 프레임은 영화 제작의 가장 기초적인 요소이자 영화적 인식의 출발점이기도 하다.

영화는 우리가 살고 있는 현실처럼 움직이고 있지만, 사실은 하나하나의 정지된 화면들로 이루어진 수많은 사진들의 연속이다. 영화는 움직인다는 인상을 주기 위해 이 개별적 스틸 사진들을 이동시켜야 한다. 하나의 프레임 안에 머물러 있으면 그것은 스틸 사진이지 영화가 아니다. 활동사진이 되기 위해서는 앞의 화면이 프레임이라는 경계선을 넘어 다른 프레임으로 들어가야만 한다. 이때 개별 화면의 사각형 테두리가 프레임이지만, 그 개별 화면의 앞뒤 다른 화면도 그 자체가 프레임이다. 왜냐하면 하나의 화면을 둘러싸고 있는 다른 화면들이 그 화면의 경계를 이루고 있기 때문이다. 이 프레임들은 독립적인 폐쇄성이 아니라, 끊임없이 경계선을 허물면서 앞으로 나아간다. 기술적으로 말하면 움직임의 환상을 주는 것은 스크린의 시간과 망막 보류의 시간 사이에 있는 단절이다. 정확히 말해 우리가 영화를 보는 약 절반의 시간 동안 스크린은 완전히 캄캄하다고 할 수 있다. 결국 프레임과 프레임 사이에는 눈멂(눈 깜박임)이 있다.

미학적인 기능도 프레임을 통해 이루어진다. 영화감독이 세계 안에서 대상을 취사선택하는 것은 프레임을 통해서이다. 이 선택 기능 때문에 프레임에는 감독의 주관성이 개입된다. 즉 현실의 어느 단면을 어느 크기와 어느 각도로 포착하느냐에 따라 동일한 사건과 상황의 의미가 완전히 달라질 수 있기 때문이다. 프레임에는 강조 기능도 있다. 일상의 하찮은 단면도 클로즈업을 통해 확대해 보여주면 새로운 의미가 부여된다. 프레임은 또 일종의 창문 역할도 한다. 프레임이라는 말에는 이미 창틀의 의미가 포함되어 있다. 현실에서 창문을 통해 외부 세계를 바라보듯 관객은 영화의 프레임을 통해 거대한 픽션의 세계를 지각한다. 특히 극장이라는 어둠의 공간은 스크린 너머 세계를 몰래 훔쳐본다는 기분을 주어 관객에게 일종의 관음증적 쾌락을 제공하기도 한다.

그러므로 영화의 프레임에 대한 연구는 영화 미학의 본질에 대한 질문이다. 앙드레 바쟁은 회화적 프레임(cadre pictural)과 영화적 프레임(cadre filmique) 간 차이를 구분하면서, 회화 프레임이 그림 내부의 공간을 현실의 공간과 확실하게 구분해 주는 물리적 틀인 반면, 영화 프레임은 현실 세계의 일부만을 보여주고 나머지는 가려주는 가리개의 역할을 한다고 했다. 즉 회화 프레임이 그림에서 표현되는 소우주와 그림이 속해 있는 자연이라는 대우주 사이의 이질성을 강조한다면, 영화 프레임은 스크린 내 세계가 스크린 밖 외부 세계로 무한히 연장되어 동질적인 공간을 형성하는 임의적이고 일시적인 경계라는 것이다.

그러나 자크 오몽은 이와 같은 구분에 반대하여, 영화의 프레임에 두 가지 특징이 모두 들어 있다고 주장한다. 즉 영화 프레임은 본질적으로 이중적인 성격을 지니고 있어서 구심적이면서 동시에 원심적이고, 내부와 외부를 이질적인 것으로 구분 짓는 경계이자 동시에 영화 화면 영역과 외화면 영역을 연결해 주는 창문이라고 하였다.

사각형의 프레임이 줄곧 화면에 등장하는 피터 그리너웨이의 영화 「화가의 계약」(「영국식 정원 살인사건」)은 아예 프레임이 중요한 주제라 할 수 있다. 스케치 보조기구인 뷰파인더의 격자 눈금을 카메라가 반복적으로 보여주고 있는 이 영화에서 화가 출신인 피터 그리너웨이는 회화적 프레임과 영화적 프레임의 기능에 대해 집요하게 질문을 던지고 있다. 어떤 것이 다른 것의 복제인지 헷갈릴 정도로 끊임없이 흑백 드로잉 그림과 이 그림의 모델인 천연색 경치를 카메라 화면으로 접목시켜 관객으로 하여금 두 프레임을 비교하도록 한다. 이 현란한 프레임의 작동은 '계약'이라는 또 다른 프레임과 겹쳐지며 미스테리 영화의 서사로 이어진다.

프레임으로서의 계약

제목(「화가의 계약」)이 말해주듯 이 영화는 계약에 관한 이야기이다. 그런데 전혀 상관이 없을 것 같은 계약과 프레임 사이에는 동질성이 있다. 상대방의 행동을 제약하고 구속한다는 점에서 계약은 은유적인 프레임이다. 그것은 최소한 두 당사자가 서로를 구속하는 한 세트의 한계이며 경계선이다. 그러므로 이 영화는 프레임이라는 가시적 주제와 계약이라는 비가시적 주제의 교묘한 중첩이다.

1694년 목가적인 한 영국의 대저택에서 작성된 계약은 화가 네빌이 장원의 여주인 허버트 부인에게 건물과 경치를 포함한 장원의 그림을 열두 장 그려 주도록 요구한다. 부인은 이 그림들을 장원의 풀한 포기, 건물의 벽돌 한 장에도 애정을 갖고 있는 자기 남편에게 선물로 줄 것이라고 했다. 마침 허버트 씨는 이웃 마을에 출타 중이어서 부재중이다.

허버트 부인의 요구로 네빌은 장원의 그림을 제작하게 되는데, 그것들을 완성하는 기일은 오로지 12일간이며 지금 당장 시작해야 하고, 다른 누구와도 조건을 논의해서는 안 된다. 네빌은 이 요구들이 '상궤를 벗어난' 것으로 생각하고(프레임의 또 하나의 속성은 '지나침'이다) 자신이 그림의 장소를 선택하겠다고 한다. 허버트 부인은 "화가가 마음대로 그녀의 육체를 사용"할 수 있도록 자신의 육체를 그에게 내맡긴다는 조건을 다시 제시한다. 두 사람은 동의하고 계약은 작성되어 서명되고 인증된다.

현장에 도착하자 네빌은 뷰파인더를 통해 드로잉에 적합한 열 두 개의 원경을 찾아본다. 그는 자신이 그림을 그리는 동안 이 장소에 아무도 들어와서는 안 된다고 명령한다. 자기 그림의 장면들을 완전히 자기 손안에 장악하겠다는 의도의 표출이다. 현전의 순수성을 위한 두 요구가 동시에 이루어졌다. 첫째는 자기가 장면들 위에 부과하는 기준틀에서 아무것도 도망치지 않도록 하는 것이고, 두 번째는 프레임 밖에서 아무것도 그것을 침범하지 않도록 하는 것이다.

하지만 셔츠, 장화 한 켤레, 사다리 등등의 예기치 않았던 사물들이 밖으로부터 프레임 안으로 들어옴에 따라 그의 시야의 경계는 곧 침투된다. "왜곡하거나 못 본 체하지 않으려 애쓴다"고 주장하면서 네빌은 마음에 내키지는 않지만 이 원치 않는 대상들을 그의 그림 안에 포함시킨다. 모든 것을 자신의 프레임 안에 복원하고, 남김없이 완전히 그리는 것이 그의 원칙이기 때문이다.

화가가 자신의 기획에 박차를 가하려 할 때, 다시 말해서 프레임 내부를 대상으로 가득 채우려 할 때, 그리고 대상을 담기 위해 프레임을 봉쇄하려 할 때 예술가 주변에는 끊임없이 위험이 닥친다. 지나친 열정 속에서 네빌은 역설적이게도 최초의 계약 틀을 넘어 열두 장의 그림을 초과하여 밖으로 나갔다. 그는 원래 자신의 드로잉을 위해 13개의 장소를 선택했었다. 그러나 계약이 열두 장만을 요구했으므로 한 장의 그림은 폐기해야 했다. 그가 폐기한 그림이 우연히도 허버트 씨의 시체가 발견된 장소의 그림이다. 그는 자신의 미학적 모험을 완성시키기 위해 돌아가 그 장소를 마저 그려야겠다고 생각한다. 열세 번째 그림의 이 '너머' 안에서 네빌은 가장 큰 위험을 맞았고, 결국 목숨의 대가를 치르게 된다. 영화의 마지막 사건은 이런 위험들의 최종적인 결과이다.

드로잉에서의 가시성과 눈멂

주인공의 직업이 드로잉 화가(draughtsman)이고, 마지막 장면에서 실명하는 것이야말로 그리너웨이와 데리다의 상호텍스트성을 명확하게 보여준다. 이미 『그라마톨로지』(1967)에서 데리다는 "예술은 모방에서 생겨났으므로 결국 모든 예술은 판화나 복제 인쇄 고유의 작업 영역에 속한다"라고 말함으로써, 대상을 충실하게 모방하고 복사하는 기술인 드로잉이 모든 예술의 기원이라고 하였다. 모든 예술은 근본적으로 자연의 모방인데, 드로잉은 대상의 모습을 최대한 비슷하게 그리는 것이므로 그것은 미메시스적 예술 일반의 탁월한 전범인 것이다. 드로잉에서부터 모든 미메시스적 기술이 파생되었고, 따라서 드로잉은 모든 예술의 기원이다.

데리다는 『맹인의 기억』에서 18세기 화가 브누아 쉬베의 「디뷰타드 혹은 그림의 기원」이라는 그림을 예로 들어 드로잉이 지각보다는 기억에 더 의존한다는 것, 그러니까 그림의 기원은 눈멂이라는 가설을 제시하였다. 그림자의 선을 따라 연인의 모습을 그릴 때 디뷰타드는 연인을 볼 수 없다. 그림을 그리는 동안 그녀는 자기 연인에 대해 눈먼 소경이다. 모든 화가에 대해서도 똑같은 이야기를 할 수 있다. 종이 위에 선을 긋는 바로 그 순간에 화가의 눈은 모델을 바라보고 있지 않다. 다시 말해서 모델에 대해 눈이 멀어 있다. 그러나 선을 긋다가 모델을 바라보는 순간 화가는 더 이상 종이의 선을 바라보지 않는다. 이번에는 선에 대해 눈이 멀어 있다. 이러한 눈멂이 어쩌면 모든 그림의 기원이 아닐까라고 그는 생각한다.

「화가의 계약」에서의 눈멂은 모델과 화판 사이가 아니라 스케치

보조기구인 뷰파인더를 경계로 이루어진다. 주인공 네빌이 꼼꼼하게 원근법을 지키며 그리는 풍경화는 언제나 격자 눈금의 뷰파인더를 통해서만 테두리가 쳐지고, 그 밖의 모든 것에 대해 화가는 완전히 눈이 멀어 있다. 탤맨 부인이 "네빌 씨, 나는 어릴 때부터 정말 지성적인 사람은 보잘것없는 화가가 될 수밖에 없다고 믿도록 교육받았어요. 왜냐하면 그림은 어떤 눈멂을, 다시 말해 모든 시점을 다 알려고 하지 않는 부분적인 거부를 요구하니까요"라고 말했을 때 데리다와 피터 그리너웨이의 텍스트는 그림과 눈멂이라는 주제에서 완전히 일치한다.

이런 관점에서 피터 그리너웨이의 영화는 회화와 영화라는 두 장르가 관람객의 시선을 동원하기 위해 사용하는 테크닉의 차이점을 강조해 보여준다. 부동의 이미지인 드로잉은 가시성의 공간 안에서 자신의 온전한 전체성을 관람자의 시선 앞에 제공한다. 반면에 영화는 과도한 유동성 속에서 넘쳐흐른다. 이미지들은 움직이고, 전체 이미지가 아니라 단편들의 몽타주가 시간의 흐름 속에서 우리의 시선 앞에 펼쳐진다. 영화에는 단 한 번의 시선 속에 드로잉의 부동의 화면을 순간적으로 볼 수 있는 그런 수단이 없다. 회화에서 눈멂과 가시성의 문제가 화가의 행위 안에 들어 있는 것이라면, 영화에서 그것은 오히려 수용자의 관람 행위 안에 들어 있는 것 같다. 영화의 기술 자체가 프레임과 프레임 사이의 눈멂을 전제로 하고 있으니 말이다. 그러나 이런 단순한 기술적인 관점을 넘어 가시성과 눈멂의 문제는 대상의 선택이라는 좀 더 근본적인 예술의 문제를 제기한다.

영화 프레임에서의 가시성의 문제

영화 속 화가는 스케치용 격자를 통해 경치를 보고, 관객인 우리는 보이지 않는 기계인 무비 카메라를 통해 경치를 바라본다. 이 보이지 않는 기계는 가시성을 생산하는 기계이지만, 그러나 그것은 그 뒤에 서 있는 영화감독의 눈을 가리는 엄폐물(掩蔽物)에 불과하다. 왜냐하면 감독은 카메라 렌즈라는 프레임 밖의 것에 대해서는 눈먼 상태로 있기 때문이다. 그리너웨이는 가시성의 공간이 오직 눈멂의 영역을 통해서만 열려 있다는 것을 반복적인 격자 화면을 통해 우리에게 일깨워주고 있다.

가시성이 오로지 눈멂에 의해서만 만들어진다는 것은 사실 모든 예술적 창조 행위의 기본 문법이다. 전체 장면에서 하나의 화면을 잘라내 거기에 테두리를 둘러치기 위해 화가는 화면 밖에 있는 모든 것에 눈이 멀어 있어야 한다. 하나의 주제를 집중적으로 서사화하기 위해 소설가는 그 외의 모든 이야기에 눈멀어 있어야 한다. 그러니까 창조 행위의 정수는 '못 본 체하기', 또는 '거짓말'하는 능력이다.

"왜곡하거나 못 본 체하지 않기 위해" 네빌은 낯선 대상들을 자기 드로잉 안에서 장악했고, 그리너웨이는 드로잉과 거기에 재현된 대상들을 모두 영화 속에서 장악했다. 그러나 장악된 화면 이외의 모든 것에 대해 화가 혹은 영화감독은 눈멀어 있고, 관객인 우리는 그것을 의식하지도 못한 채 눈멂을 강요당하고 있다. 우리의 상식과는 달리 예술의 중심부에 날카로운 시선이 아니라 눈멂 혹은 맹점이 있다는 것은 놀라운 일이다.

네빌이 원치 않는 모든 품목을 몰수함으로써 그것을 전유하는 것과, 그리너웨이가 그것들 중 일부를 버리는 것은 아무런 차이가 없는 동일한 사실이다. 모든 예술은 전유와 소비의 경제이다. 그리고 이 경제 안에서의 모든 교환은 왜곡이다. 예술은 예술이 아닌 모든 것을 치워 감춤으로써, 그리고 그것을 예술 안에 들여옴으로써만 가시성을 창조한다. 그러므로 모든 '진실'은 상대적이다. 진실은 오로지 프레임의 기능일 뿐이기 때문이다.

예술에 대한 질문

데리다의 저술은 언제나 이론적 담론의 경계 짓기를 문제 삼고 동시에 철학적 글쓰기의 경계를 해체시킨다. 그의 저서는 작품과 이론 사이의 이분법적 대립을 해체하고, 그 얽힌 끈을 느슨하게 늘리며, 전통적 철학에 의해 형성된 경계를 허물기 위해 그 사이의 주름진 공간 속에 자리 잡는다. 문학과 철학의 경계선을 넘나드는 그의 글쓰기는 그 자체가 파레르곤의 수행이다.

데리다식으로 생각하자면 에르곤과 파레르곤 중에서 어느 것이 먼저 시작된 것인지 우리는 알 수 없다. 텍스트의 세계에서 한정된 '틀'은 없다. 모든 틀은 이미 '벗어남'이고 '초과'이기 때문이다. '선물'이라는 뜻의 영어 gift가 독일어로는 '독(毒)'이 된다. '선물이면서 독', 이것이 바로 데리다가 말하는 파르마콘(pharmacon)이고 또한 파레르곤이다. 파레르곤은 에르곤에서 분리될 수 있는 외부적 장식이지만 동시에 에르곤을 형성하는 데 있어 없어서는 안 될 중요한 요소라는 점에서 에르곤과 분리하기 어려운 어떤 것이다. 에르곤의 결핍을 보충해주는 파레르곤은 하나의 도식으로 환원될 수 없는 복합적 개념이고, 차연(差延)이다. 파레르곤은 에르곤에 기생하고 있고, 그 역도 마찬가지다. 서로가 서로를 비추고 있는 파레르곤과 에르곤은 원본과 복사와의 관계를 구분하던 전통적인 논리를 비웃는다. 어느 것이 원본이고 어느 것이 부본(副本)인가? 그 어느 것도 선후가 없으면서 서로 상감(象嵌)하고 있기 때문에 거기에 모방해야 할 모델이나 모범은 없다.

결국 예술의 기원에 관한 문제로 초점이 좁혀진다. 예술은 모방과 복제에서 생겨났다. 모방과 복제의 '기원'은 드로잉의 공간 안에 있다. 그러므로 예술의 기원은 드로잉이다. 그러나 복제의 기술로서의 드로잉, 다시 말해서 예술이 복사하고 있는 것은 벌써 현실의 복제품이다. 다시 말하면 모든 미술의 모델은 이미 다른 미술 작품이다. 예술은 스스로를 카피하고, 카피를 카피할 뿐, 기원 따위에는 관심도 없다.

예술과 드로잉 사이의 이런 관계는 예술이 결코 폐쇄되거나 완전히 프레임으로 둘러쳐지지 않았다는 것을 의미한다. 드로잉에서 "색채는 아직 지정되지 않았다"(『그림 속의 진실』)라는 데리다의 말은 예술의 기획이 결코 완전히 제어되어 안으로 들여져 오거나, 채워지거나, 안에 가두어질 수 없다는 것을 의미한다.

시니피앙의 자유로운 놀이, 결말의 부재, 모든 해석으로의 열림 등 포스트모던적 관점에서 그리너웨이는 분명 데리다의 충실한 후계자이다. 데리다의 영향을 강하게 받은 그는 첫 상업 영화로 「화가의 계약」(1982)을 만들어 예술의 기원으로서의 드로잉이라는 데리다의 주제를 영상화했다. 그러나 데리다는 다시 가시성과 눈멂이라는 모티브로 미술 전람회 「맹인의 기억, 자화상과 다른 폐허들」(1990-1991)을 루브르 박물관에서 기획하고 그것에 관한 에세이를 책으로 냄으로써 피터 그리너웨이의 모티브를 발전시켰다.

두 사람이야말로 서로가 서로를 카피하면서 경계선을 꾸준히 허물고, 상호 보충하면서 예술의 논의를 풍요롭게 만들었다.

참고문헌

1장

Michel Foucault,

　　L'Archéologie du savoir (앎의 고고학), Gallimard, 1969.

　　Ceci n'est pas une pipe (이것은 파이프가 아니다), Fata Morgana, 1973.

　　Les Mots et les choses (말과 사물), Gallimard, 1966.

　　Raymond Roussel (레이몽 룟셀), Gallimard, folio essai, 1992.

Jacques Derrida,

　　De la grammatologie (그라마톨로지), Les Éditions de Minuit, 1967.

　　Positions (입장들), Les Éditions de Minuit, 1972.

　　La Vérité en peinture (그림 속의 진실), Champs Flammarion, 1978.

　　Memoirs of the Blind, The University of Chicago Press, 1993.

Gilles Deleuze,

　　Foucault (푸코), University of Minnesota Press, 1988.

John Rajchman,

　　Michel Foucault: The Freedom of Philosophy, Columbia University Press, 1985.

Martin Heidegger,

　　The Origin of the Work of Art, in *Basic Writings*, Harper San Francisco, 1992.

Richard Rorty,

　　Philosophy and the Mirror of Nature, Princeton University Press, 1979.

Charles Baudelaire,

　　"Mnemonic Art," in *The Painter of Modern Life and Other Essays*, Da Capo Press, 1986.

2장

J.-P. Sartre,

    Situations, Ⅱ. *Qu'est-ce que la littérature?* (상황 Ⅱ, 문학이란 무엇인가?), NRF Gallimard, 1948.

    L'Etre et le néant (존재와 무), NRF Gallimard, 1943.

    L'Idiot de la famille (집안의 백치), Ⅱ, NRF Gallimard, 1972.

A. Leonard,

    La crise du concept de littérature en France au XXème siècle
    (20세기 프랑스의 문학개념의 위기), JoséCorti, 1974.

M. Heidegger,

    Qu'est-ce qu'une chose? (사물이란 무엇인가?), (Jean Reboul 및 Jacques Taminiaux 역), Tel Gallimard, 1971.

    "L'origine de l'œuvre d'art" (예술작품의 기원), in *Les chemins qui ne mènent nulle part* (아무 곳으로도 가지 않는 길), Gallimard, 1986.

G. Flaubert,

    La Tentation de Saint Antoine (성 앙투안의 유혹), Pléiade Gallimard, tome 1, 1951.

데카르트, 『방법서설, 성찰, 정념론, 철학의 원리, 제규칙』(金炯孝 譯), 삼성출판사, 1977.

마르틴 하이데거, 『존재와 시간』(전양범 옮김), 시간과 공간사, 1992.

이기상, 『하이데거의 실존과 언어』, 문예출판사, 1991.

박정자, 『사르트르의 실존주의』, 상명대학교 출판부, 1991.

3장 1부

Martin Heidegger,
> "The Origin of the Work of Art," in *Basic Writings*, Harper Collins, 1993.
> "L'origine de l'œuvre d'art" (예술작품의 기원), in *Les chemins qui ne mènent nulle part* (아무 곳으로도 가지 않는 길), Gallimard, 1986.
> "Lettre sur l'humanisme" (휴머니즘에 대한 편지), in *Questions III et IV*, Gallimard, 1976.
> *Qu'est-ce qu'une chose?* (사물이란 무엇인가?), Gallimard, 1971.
> *Être et Temps* (존재와 시간), Gallimard, 1986.

Friedrich Hegel,
> *Esthétique* (미학), textes choisis, PUF, 1981.

Derrida, Jacques
> *La véritéen peinture* (그림의 진실), Flammarion, 1978.

마르틴 하이데거, 『존재와 시간』 (전양범 옮김), 시간과 공간사, 1992.

이기상, 구연상, 『존재와 시간 용어해설』, 까치, 1998.

F.W. 폰 헤르만, 『하이데거의 예술철학』 (이기상. 강태성 옮김), 문예출판사, 1997.

한국하이데거학회, 『하이데거의 예술철학』, 철학과현실사, 2002.

3장 2부

Martin Heidegger,
> "The Origin of the Work of Art," in *Basic Writings*, Harper Collins, 1993.
> *Introduction to Metaphysics* (1935), Yale University Press, 2000.
> *Chemins qui ne mènent nulle part* (아무 곳으로도 가지 않는 길), Gallimard, 1962.

Jacques Derrida,
> *La véritéen peinture* (회화의 진실), Flammarion, 1978.

Memoirs of the Blind, The University of Chicago Press, 1993.

Bruno Bettelheim,
   Psychanalyse des contes de fées (옛날이야기의 정신분석), Hachette Littérature, 1976.

Honoréde Balzac,
   Le Chef-d'œuvre inconnu (미지의 걸작), Le Livre de Poche, 1995.

Maurice Merleau-Ponty,
   L'Œil et l'esprit (눈과 정신), Gallimard, 1985.

지그문트 프로이트, 「절편음란증」, 『성욕에 관한 세 편의 에세이』, 열린책들, 2004.

Vincent Van Gogh,
   Sämtliche Gemälde (전집), Taschen, 2002.

RenéMagritte,
   Magritte, Taschen, 1992.

4장 1부

Elisabeth Rival-Morel,
   L'univers de Peter Greenaway ou l'art du négatif (피터 그리너웨이의 세계 혹은 부정의 예술),
   ANRT, 1989.

Pierre Grimal,
   Dictionnaire de la mythologie grecque et romaine (희랍 로마 신화사전), PUF, 1963.

閔錫泓, 『西洋史槪論』, 三英社, 1998.

4장 2부

Jacques Derrida,

De la grammatologie (그라마톨로지), Les Éditions de Minuit, 1967.

La véritéen peinture (그림 속의 진실), Champs Flammarion, 1978.

Memoirs of the Blind, The University of Chicago Press, 1993.

Peter Brunette & David Wills,

Screen/Play, Princeton University Press, 1989.

Deconstruction and the Visual Arts: Art, Media, Architecture, Cambridge University Press, 1994.

David Caroll,

Paraesthetics, New York: Methuen, 1987.

Hal Foster,

The Anti-Aesthetic: Essays on Postmodern Culture, Seattle: Bay Press, 1983.

Thomas Tucker,

"Frames of Reference: Peter Greenaway, Derrida and Restitution of Film-Making," in *Enculturation*, vol. 2, no. 1, Fall 1998.

Elisabeth Rival-Morel,

L'univers de Peter Greenaway ou l'art du négatif (피터 그리너웨이의 세계 혹은 부정의 예술), ANRT, 1989.

Jacques Aumont,

L'œil interminable (끝없는 눈), Séguier, 1989.

Image (이미지), Nathan, 1990.

J. Aumont, J. Bergala, A. Marie, M. Vernet,

Esthétique du film (영화 미학), Nathan, 1983.

AndréBazin,

Qu'est-ce que le cinéma? (영화란 무엇인가?), Les Éditions du Cerf, 1985.

`개정판`

빈센트의 구두

하이데거, 사르트르, 푸코, 데리다의
그림으로 철학읽기

1판 1쇄 발행 | 2005년 6월 3일
3판 1쇄 인쇄 | 2026년 1월 26일

지은이 | 박정자
펴낸이 | 朴貞子

펴낸곳 | 도서출판 기파랑
등   록 | 2004. 12. 27 제300-2004-204호
주   소 | 서울시 종로구 대학로8가길 56 동승빌딩 301호   우편번호 03086
전   화 | 02-763-8996 편집부 02-3288-0077 영업마케팅부
팩   스 | 02-763-8936
이메일 | guiparang_b@naver.com

ISBN 978-89-6523-462-3   03300